FUNDAMENTOS DA PSICOLOGIA E DO ACONSELHAMENTO

A IGREJA COMO FONTE DE ACOLHIMENTO E CURA

EAD - ENSINO MÉDIO TEOLÓGICO A DISTÂNCIA

Título Original:
Fundamentos da Psicologia e do Aconselhamento: A igreja como fonte de acolhimento e cura.
5ª Reimpressão - Outubro 2023

IBAD
Rua São João Bosco, 1114 – Santana
12403-010 – Pindamonhangaba, SP
Telefax – (12) 3642-5188
www.ibad.com.br

Impresso no Brasil

Coordenação
Pr. Mark Jonathan Lemos

Todas as citações bíblicas foram extraídas da versão revista e corrigida, salvo indicação ao contrário.

Dados Internacionais de catalogação na publicação (cip)
(Câmara Brasileira do Livro, SP, Brasil)

CAVALHEIRO, Emerson.
Fundamentos da Psicologia e do Aconselhamento - A Igreja como fonte de Acolhimento e Cura - Pindamonhangaba: IBAD, 2022.
ISBN - 978-65-89859-06-2

Índice para Catálogo Sistemático
Aconselhamento Pastoral: Educação Cristã: Cristianismo

FUNDAMENTOS DA PSICOLOGIA E DO ACONSELHAMENTO

A IGREJA COMO FONTE DE ACOLHIMENTO E CURA

Curso Médio de Teologia

EAD - ENSINO MÉDIO TEOLÓGICO A DISTÂNCIA

Sobre o livro

Categoria – Religião

Fim da Execução – Abril de 2022
5ª Reimpressão Outubro de 2023

Formato – 16 x 23 cm
Mancha – 12,3 x 19,2 cm

Tipo e corpo: Garamond
Papel: Offset 75g/m2
Tiragem: 1500 exemplares

Impresso no Brasil – Printed in Brazil

Equipe de Realização

Supervisão: Pr. Mark Jonathan Lemos

Produção Editorial

Coordenação
Pr. Mark Jonathan Lemos

Revisão Teológica
Denilson Matos

Revisão de Português
Emerson Cavalheiro

Capa & Diagramação
Heitor Galvão Souza

Sumário

Apresentação

O calendário marcava 15 de outubro de 1958, quando dava-se início a um chamado Divino que nasceu do coração de um homem simples, nascido na cidade de Pelotas - RS. Naquele momento, tendo apenas 8 alunos nasceu o que conhecemos hoje como IBAD, na pacata cidade de Pindamonhangaba, pelas mãos do casal de missionários Pr. João Kolenda Lemos e Ruth Dóris Lemos.

Durante 55 anos (1958-2013), o IBAD se manteve fiel a proposta inicial e te ológica, trabalhando no sistema de internato de forma ininterrupta. Formaram-se milhares de pastores, teólogos, professores, missionários, pregadores e uma infinidade de líderes que propagam as mensagens aprendidas sobre a Palavra do Senhor pelo Brasil e os quatros cantos do mundo.

Em 2006, o IBAD entendeu que precisava transcender os limites de Pinda monhangaba e lançou os cursos teológicos médio e avançado livres à distância. Essa nova metodologia foi criada pensando nos pastores e líderes que sempre sonharam em fazer parte da instituição, mas devido ao tempo e situação financeira, não tiveram a oportunidade de estudar nosso conteúdo de alto nível e reconhecimento dentro do ensino teológico.

Em pouco mais de 10 anos, o curso livre de teologia alcançou a significativa marca de mais de 35 mil alunos pelo mundo, se tornando um sucesso na mídia especializada. Somos hoje o curso teológico que mais cresce no meio eclesiástico e estamos presentes em quase todas as cidades do Brasil e em mais de 15 países. Já formamos mais de 60 mil obreiros e hoje nos tornamos referência de qualidade e excelência entre os cursos livres à distância, dentro da área de teologia.

Guiados por uma nova gestão, demos início em 2011 aos primeiros passos em direção do nosso maior sonho: a criação da Faculdade FABAD. Foram milhares de horas trabalhadas, incontáveis ligações, idas e vindas à Brasília, além de inúmeras visitas do MEC em nossa sede em Pindamonhangaba. Toda essa espera e esforço trouxeram o resultado tão almejado em 2016, com a Portaria MEC nº 358 de 05 de maio de 2016, que credenciou a Faculdade FABAD para os cursos presenciais de Bacharel em Teologia e Tecnólogo em Processos Gerenciais.

Mas a chama que sempre nos guiou e nos levou a quebrar diversas barreiras nesses mais de 60 anos de história, ficou ainda mais forte e uma nova jornada teve início. Nosso objetivo agora se tornara levar um ensino superior de qualidade para todo o Brasil. Por isso, ouvindo os pedidos de nossos alunos, em 2017 protocolamos perante ao MEC o credenciamento da FABAD para cursos EaD.

Foram momentos de ansiedade e de muita preparação de toda a equipe, tra balhando para ter os melhores recursos e plataformas para nossos alunos online. E com muita felicidade pudemos anunciar o lançamento do Bacharel em Teologia EaD da FABAD, com a Portaria nº 34, de 11 de fevereiro de 2020.

Agora levamos um curso de Graduação em Teologia totalmente à distância e online, com uma plataforma moderna de estudo e a melhor biblioteca digital do país. E esse é apenas o primeiro passo dado pela Faculdade FABAD EaD, que além do Bacharel em Teologia também oferece cursos de Pós-graduação totalmente à distância e nos próximos anos oferecerá cursos de graduação nas mais diversas áreas de conhecimento.

Aproveite seus estudos e seja bem-vindo a família IBAD/FABAD. Muito obrigado por escolher fazer parte dessa caminhada de aprofundamento teológico conosco.

Como estudar a distância

Caro estudante,

Nosso curso a distância foi estruturado com o objetivo de atender a todos que desejam ter maior entendimento sobre a Bíblia. Para atingir esse objetivo, tivemos o cuidado de planejar e produzir um material adequado para proporcionar a você a melhor experiência educacional possível. Nesse planejamento, chegamos à conclusão de que os livros deveriam não só ter um bom conteúdo, mas também ser acessível a todas as pessoas que desejam ter maior conhecimento das Escrituras Sagradas. Também observamos a necessidade de atender pessoas de qualquer região do país, com diferentes níveis de conhecimento. A partir de tais critérios, desenvolvemos uma coleção de vinte e quatro livros, a qual se constitui em um curso Médio de Teologia a distância.

Esses vinte e quatro livros, escritos de forma clara e objetiva, apresentam, de modo geral, vinte capítulos divididos em quatro unidades. Em cada unidade e em cada capítulo, há sempre uma introdução para que o leitor tenha ciência do que estudará naquela unidade e naquele capítulo. Tudo isso foi realizado com o intuito de facilitar a leitura. Com esse mesmo intuito, solicitamos que você observe as orientações para o estudo.

1- Recomendações para melhor aproveitamento de seu curso

Esse estudo requer atitudes próprias de qualquer estudante, porém ele tem como objetivo essencial abençoar sua vida cristã e dar-lhe instrumentos para que você desenvolva o ministério cristão com maior eficácia. Isso implica que serão necessárias, de sua parte, atitudes espirituais corretas, tais como:

1) Ore sempre antes de começar a lição. Isso preparará o seu coração para receber não apenas as informações, mas principalmente os princípios que serão úteis na sua vida com Deus.

2) Tenha o cuidado de sempre consultar a Bíblia. A leitura bíblica é primordial e insubstituível. Quanto mais você conhecer a Bíblia pela leitura diária, mais facilidade terá na compreensão de estudos que lhe auxiliarão no conhecimento dela.

3) Tenha sempre uma atitude de humildade. Deus revela verdades importantes àqueles que mantém essa atitude em seus corações.

Além desses cuidados, atente também para a dedicação, a disciplina e a perseverança, atitudes essenciais para a obtenção de êxito em todas atividades. Ao iniciar este curso de Teologia, conscientize-se da importância da manutenção desses princípios para o sucesso de sua aprendizagem. Concentre-se sempre no que estiver fazendo, pois a vida está no presente. O passado é a fonte das experiências, e o futuro, um tempo que deve ser planejado para que, quando transformado em presente, possibilite a colheita do que foi plantado, isto é, a obtenção dos resultados desejados. Se mantivermos tudo isso em mente, teremos sempre grandes chances de alcançarmos nossos objetivos.

2- Regras Básicas para a Compreensão do Texto

A leitura bem sucedida – compreensão de texto - requer do leitor a observância de alguns procedimentos básicos. São eles:

· Leitura do texto – Ao iniciar seu estudo, preste atenção à apresentação do livro e à introdução de cada unidade e de cada capítulo. Isto é importante porque essas introduções facilitarão sua compreensão do texto.

· Leitura de unidades de ideia – A leitura de palavras, ao contrário da de uni dades de pensamento, faz com que o leitor interprete um texto erroneamente. Isto significa que não devemos ler palavra por palavra e sim atentar para a ideia geral do texto.

· Conhecimento do vocabulário – O conhecimento do significado das pala vras auxilia todo o processo de leitura. Por isso, tenha sempre à mão um dicionário da língua portuguesa e também um dicionário ou enciclopédia bíblica. É importante que essa consulta ao dicionário seja feita somente após uma primeira leitura do texto para que você não corra o risco de fazer uma leitura com interpretação inadequada.

· Leitura de diversos tipos de texto – A diversidade de textos permite que o leitor não só amplie seus conhecimentos, como também adquira maior habilidade para leitura. Procure ler outros livros que falem sobre o mesmo assunto.

3- Aplicação Pessoal

· Questões para reflexão – Em todos os capítulos, há questões com o obje tivo de levar o estudante a refletir sobre os temas abordados, bem como fazer uma aplicação dos mesmos à realidade atual.

· Exercícios – No final de cada livro, o estudante encontrará exercícios relacionados a cada capítulo estudado para a verificação do conhecimento e fixação do conteúdo.

INTRODUÇÃO

O Homem é um ser complexo! Essa complexidade que envolve a dinâmica da vida humana deve ser objeto de estudo da Teologia, haja vista que Teologia se faz para o ser humano. É Deus sendo trazido, explicado e vivenciado no Homem que tem, em sua história, alegrias, realizações, conquistas, mas que, também, carrega dores, frustrações, angústias e traumas.

As dores humanas, que não são poucas, precisam ser acolhidas, tratadas e, certamente, a Palavra de Deus é e tem o remédio eficaz para sarar toda a sorte de enfermidade da alma. Portanto, é possível ressignificar a própria existência, é possível ter qualidade de vida, é possível deixar aos pés da cruz, tudo aquilo que foi vivido e que trouxe feridas para o ser.

Daí, temos a importância do conhecimento da Palavra de Deus e dos recursos que a ciência tem para o manejo da dor humana. A Teologia (do grego *Theós* + *Logia*) é o estudo do Deus revelado, do seu caráter, suas obras, do seu desígnio para com a humanidade. A palavra ciência é oriunda do latim *scientia* ou *sciens*, significando conhecimento ou saber. Esse conhecimento tem uma estrutura e uma natureza, seguindo, rigorosamente, um critério ou método científico.

A ciência e a fé não devem ser antagônicas ou excludentes, antes, a ciência deve confirmar a grandeza de Deus. Ela é uma poderosa ferramenta deixada pelo Criador, que contribui para o entendimento dos fenômenos, oferecendo respostas para as mais diversas situações que envolvem o cotidiano do Homem. O que seria do ser humano sem a ciência? O que seria do ser humano sem a Teologia, sem o conhecimento de Deus?

Nesta disciplina, a junção dos conhecimentos teológico e científico proporcionará melhor compreensão do fenômeno humano. Especialmente, recorrer-se-á aos conceitos da Psicologia, que muito ajudarão no entendimento do Homem. O termo "Psicologia" nasce do grego (*Psiquê*+ *Logia*). A palavra *psiquê* abarca variados sentidos: alma, vida, sopro de vida, pessoa, conhecimento, consciência, caráter, dentre outros, enquanto, logia, significa estudo, tratado, ensino, argumento, explicação, entre outros.

Esta obra está organizada em quatro Unidades. Na primeira unidade, serão abordados os fundamentos da Psicologia e do Aconselhamento, através de um olhar histórico e fundamentado na ciência psicológica e nas Escrituras. Na segunda unidade, será tratado sobre o conselheiro, seu papel, sua postura, atitudes, dentre outros, ao passo que, na terceira unidade, serão estudadas as fases do desenvolvimento humano, que são: infância, adolescência, juventude, vida adulta e velhice. Na quarta e última unidade, serão apresentados alguns dos transtornos e sofrimentos da humanidade, que carecem de apoio e suporte por parte do conselheiro, tais como, ansiedade, depressão, conflitos familiares e o luto.

Como se percebe, há muito que se compreender e estudar. Desvendar a mente humana é uma caminhada desafiadora e misteriosa, porém, gratificante, quando se consegue ajudar aquele que está em sofrimento. Evidentemente, não se intenciona formar Psicólogos ou esperar que toda a amplitude da Psicologia seja apresentada aqui. Porém, se ao término dos estudos desta obra, ter sido possível abrir os olhos, descortinando horizontes sobre esta importante área da existência humana, certamente, o objetivo terá sido alcançado.

Deseja-se, profundamente que, ao terminar o estudo deste rico conteúdo, cada estudante tenha adquirido visão diferenciada sobre quem é, de fato, o ser humano. Que o olhar passe a ser ou, que continue sendo de amor e compreensão, e não de julgamento. Que as mãos sejam estendidas para acolher e cuidar, jamais para empurrar, lançar fora ou apontar os dedos. Que a prática teológica atravesse as angústias humanas e faça sentido para o estudante, o teólogo, transbordando como um rio caudaloso, sobre os ouvintes, sedentos de cura e qualidade de vida. Deus abençoe!

FUNDAMENTOS DA PSICOLOGIA E DO ACONSELHAMENTO

Compreender os fundamentos da Psicologia e do Aconselhamento é fundamental para toda a discussão que será realizada a partir de agora. A Psicologia é uma ciência, portanto, está embasada na observação dos fenômenos, para que chegue à conclusão dos fatos. O aconselhamento é uma modalidade terapêutica que visa oferecer suporte àqueles que estão em sofrimento ou que precisam de ajuda para que importantes decisões sejam tomadas.

Esta Unidade está dividida em cinco capítulos. No primeiro, abordar-se-á Ciência e a Psicologia. No segundo capítulo, será apresentado o desenvolvimento da Psicologia, ou seja, sua origem e os caminhos traçados para que chegasse até o presente. A Personalidade é um dos aspectos que precisa ser compreendido pelo conselheiro, sendo assim, será tratada com detalhes no capítulo três. Em seguida, no capítulo 4, analisar-se-ão os fundamentos bíblicos do aconselhamento, ou seja, o que a Bíblia diz sobre este trabalho essencial no corpo de Cristo e, por fim, no quinto capítulo, apreender-se-á as singularidades que envolvem o aconselhamento cristão.

CAPÍTULO 1

A Ciência e a Psicologia

No senso comum, fala-se, com constância, da psicologia. Por exemplo: quando alguém discursa bem, como um vendedor que tem boa capacidade de convencimento e persuasão, há os que dizem que ele usa de "psicologia". Há aqueles que querem ajudar pessoas, orientando e aconselhando e dizem que, para isso, usam da "psicologia". Afinal, todos dizem que "de psicólogo e louco todo mundo tem um pouco". Essa forma de falar recebe o nome de psicologia do senso comum.

Porém, neste capítulo, compreender-se-á o que é a Psicologia enquanto ciência. Como ela nasceu, seus objetivos, seu alcance e seus principais expoentes. Intenciona-se situar o estudante nesta importante área do saber, suporte tão útil no labor teológico. Logo, compreender a ciência psicológica será fundamental para toda construção que esta disciplina oferece.

I. Definição de Psicologia e Ciência

De acordo com Lopes (2017, p. 19) a "Psicologia é a ciência que estuda o comportamento humano e seus processos mentais". A definição proposta afirma que a Psicologia é uma ciência, logo, está amparada e fundamentada no rigor metodológico. Bock (2008, p. 19) afirma que "a ciência compõe-se de um conjunto de conhecimentos sobre fatos ou aspectos da realidade (objeto de estudo), expresso por meio de linguagem precisa e rigorosa".

Desta maneira, para que se possa falar em ciência é necessário que os conhecimentos sobre um determinado assunto ou área, sigam uma programação, ocorram de forma sistemática e controlada, alcançando, com isso, o patamar de verificação de sua validade. Quando isso ocorre, pode-se reproduzir a experiência, permitindo que o saber adquirido possa ser utilizado e, evidentemente, desenvolvido.

> A ciência tem ainda uma característica fundamental: ela aspira à objetividade. Suas conclusões devem ser passíveis de verificação e isentas de emoção, para assim, tornarem-se válidas para todos. **Objeto específico, linguagem rigorosa, métodos e técnicas específicas, processo cumulativo do conhecimento, objetividade** fazem da ciência uma forma de conhecimento que supera em muito o conhecimento espontâneo do senso comum. Esse conjunto de características é o que permite que denominemos **científico** a um conjunto de conhecimentos (BOCK; FURTADO; TEIXEIRA, 2008, p. 20).

Como se observa, a ciência respalda-se na seriedade do método e no rigor das análises dos fatos. Portanto, quando se afirma que a Psicologia é uma ciência, diz-se que ela se apropria de fundamentos sólidos para compreender seu objeto de estudo, o Homem. O termo Psicologia é oriundo dos termos gregos: *psichê* (alma) e *logia* (estudo, conhecimento ou razão).

Lopes (2017) explica que o sentido do termo alma não está ligado ao religioso (espiritual) e, sim, à "*psiquê*", estrutura biopsicossocial que anima o ser humano. Segundo este mesmo autor (p. 20), a "Psicologia é a ciência que se concentra no comportamento humano e seus processos mentais que passam pela sensação, emoção, percepção, aprendizagem, inteligência, etc".

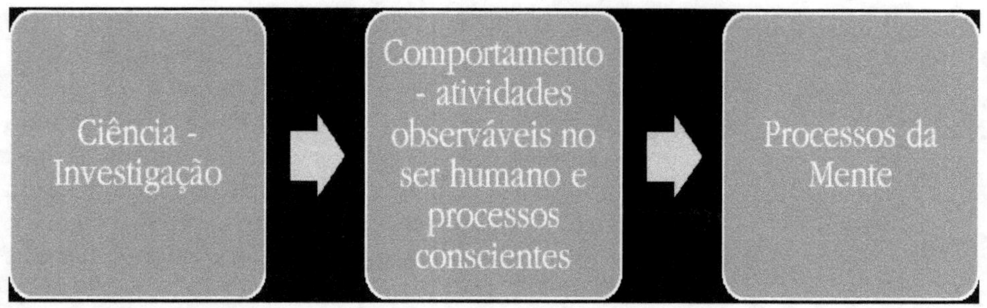

Fonte: Elaborado pelo autor, 2022.

II. O Ser Humano

A ciência é desenvolvida pelo ser humano, para o ser humano. Mas, quem é o ser humano? Quem é você? Quem é o seu amigo, seu parente, seu aluno, seu colega de classe, seu irmão de fé da Igreja e seu companheiro de trabalho? Ao longo dos tempos, áreas do saber, tais como, a antropologia, a filosofia, a teologia e a psicologia, dentre outras, vêm trazendo definições sobre quem é o Homem, o ser humano.

A Organização Mundial da Saúde (OMS) define o ser humano como sendo bio, psicossocial e espiritual. De acordo com Lopes (2017, p. 19) "o aspecto biopsicossocial trata da inter-relação entre os aspectos biológicos, psicodinâmicos e sociais que constituem o ser humano". Por aspectos biológicos, compreende-se a anatomia humana, os componentes fisiológicos. Cabe lembrar que o ser humano é dotado de um corpo, altamente complexo em seu funcionamento, com sistemas que agem, constantemente, na busca do equilíbrio. Cabeça, tronco e membros estão permeados por células, neurônios, veias, ossos e os aparelhos respiratório, circulatório, digestório, trabalhando na manutenção da vida.

Além disso, a psicodinâmica está posta ao Homem, sendo que, cada ser humano tem sua particularidade. São desejos, motivações, inclinações, necessidades, cognição (estruturas mentais e de pensamento), dentre outros. Outrossim, impossível não citar o Homem social, que vive em sociedade, que se relaciona com o próximo, nas mais variadas instâncias institucionais, tais como a família, o trabalho, a igreja, o comércio, dentre outros. Nas relações sociais, produz-se a cultura, com seus valores, normas e crenças.

> Os seres humanos necessitam de seus semelhantes para sobreviver, comunicar-se, criar símbolos e formas de expressão cultural, perpetuar a espécie e se realizar plenamente como indivíduos. É na vida em grupo que as pessoas se tornam realmente humanas. [...] A pessoa se socializa quando participa da vida em sociedade, assimila suas normas, valores e costumes e passa a se comportar segundo esses valores, normas e costumes (OLIVEIRA, 2013, p. 42).

O Homem social, que vive para o outro e, com o outro é, também, espiritual. Para a Organização Mundial da Saúde (OMS) a espiritualidade não está ligada, necessariamente, à prática de uma religião específica, mas àquilo que conecta o ser humano com sua realidade mais íntima, profunda e espiritual.

É fato que compreender a dinâmica humana é essencial para aqueles que desejam trilhar pelos caminhos da Teologia. A ciência traz esclarecimentos essenciais, que não podem ser negligenciados pelo teólogo. Este, por sua vez, anda com as Escrituras Sagradas em uma de suas mãos, ao passo que, na outra, devem estar as informações científicas.

III. O Ser Humano à Luz das Escrituras

No livro de Jó, capítulo 7, versículos 17, 18, há uma pergunta: *"Que é o homem, para que tanto o engrandeças e ponhas nele o teu coração, e cada manhã o visites, e cada momento o proves?"*. O salmista também diz: *"Quando vejo os teus céus, obra dos teus dedos, a lua e as estrelas que preparaste; que é o homem mortal para que te lembres dele? e o filho do homem, para que o visites?"* (8. 3,4). O escritor aos Hebreus, no capítulo 2, versículo 6, diz: *"Mas, em certo lugar testificou alguém, dizendo: Que é o homem, para que dele te lembres? Ou o filho do homem, para que o visites?"*

Ora, a Bíblia Sagrada afirma que o ser humano é obra das mãos de Deus, o criador. Deus, criou o Homem e, posteriormente, a mulher, para o louvor da sua glória. A cena do Éden, demonstra o amor divino para com os seres criados, bem como os pactos de cuidado estabelecidos entre Ele e a coroa da criação: o ser humano (Gn 1. 26-31). Thiessen (1999, p. 154) afirma que: "As Escrituras declaram claramente que toda a raça humana descende de um único casal (Gn 1: 27,28; 2: 7, 22; 3: 20; 9: 19). Todos são filhos do mesmo pai e têm a mesma natureza".

Na Teologia há duas visões sobre o ser humano, a dicotomista e a tricotomista. Na visão dicotomista, o Homem é dotado de natureza física e espiritual, sendo que alma e espirito são a mesma coisa, ao passo que, na tricotomia, o ser humano é possuidor da mesma natureza física e espiritual, porém, no âmbito espiritual, existem a alma e o espírito, logo, esse Homem é dotado de corpo, alma e espírito.

Não é intenção desta disciplina tratar sobre questões que envolvem a Teologia Sistemática, porém, fica evidente que Deus criou o Homem perfeito e a queda ou, o pecado, trouxe grandes prejuízos, afetando toda a esfera humana. Não havia um justo sequer e toda a humanidade estava sentenciada à morte, destituída da glória de Deus (Rm 3.10-23).

Deus amou o mundo (Jo 3.16) e, em nome desse amor, proveu o meio de salvação, enviando o Seu Filho, perfeito, sim, o Cristo, o Cordeiro bendito, santo e imaculado, veio entregar-se, passando pela morte, morte de dor, morte de cruz, para que o acesso a Deus fosse, novamente, restabelecido (Sl 22. 16-18; Is 53; Jo 15.13; Jo 19; At 2. 22-24; Rm 5.10; Rm 6. 9-10; Fp 2.8; Hb 9. 27-28; I Jo 2.2; I Jo 3.16).

A redenção completa virá para aqueles que entregaram suas vidas para Cristo. A promessa do porvir, a certeza de que Ele voltará para buscar a sua Igreja, é um alento e uma viva esperança para todos aqueles que esperam, ansiosamente, a sua volta:

> *Porque o mesmo Senhor descerá do céu com alarido, e com voz de arcanjo, e com a trombeta de Deus; e os que morreram em Cristo ressuscitarão primeiro. Depois nós, os que ficarmos vivos, seremos arrebatados juntamente com eles nas nuvens, a encontrar o Senhor nos ares, e assim estaremos sempre com o Senhor.*

Diante de tudo o que fora exposto, é importante que o conselheiro desenvolva o olhar da completude para com o ser humano. A ciência está demonstrando o que a Bíblia afirma há séculos. O Homem precisa de ajuda, no tocante aos aspectos físicos e, para isso, recorre aos médicos, em suas mais diversas especialidades. Porém, ele não é só corpo! Como vimos, há uma vida interior, imaterial, porém, tão real quanto, que precisa de tratamento. As questões da alma são tão necessárias de cuidado e tratamento, quanto são as questões que envolvem o corpo material.

Abrir-se para este conhecimento é o primeiro passo para que o conselheiro[1] seja repleto de êxito em seu ministério de aconselhamento.

1 Todas as vezes que esta disciplina citar o termo "conselheiro", certamente, estará referindo-se, também, às valorosas servas de Deus que atuam como conselheiras, no processo de aconselhamento.

Há milhares de pessoas que precisam ser tratadas, curadas e, colocar-se à disposição de Deus, para tornarem-se agentes de cura e restauração da alma, certamente, é um privilégio e, ao mesmo tempo, uma grande responsabilidade! Aliás, privilégio e responsabilidade são duas palavras que o aluno encontrará ao longo desta disciplina, a fim de que fique bem claro, bem enfatizado que, aconselhar é, de fato, um privilégio e, ao mesmo tempo, uma responsabilidade muito séria!

Questão para reflexão

Em sua opinião, o Homem tem consciência de sua completude? Justifique a sua resposta.

CAPÍTULO 2

O Desenvolvimento da Psicologia

A Psicologia, embora tenha sido reconhecida como ciência em tempos recentes, tem suas estacas firmadas no passado, ancoradas na filosofia. Neste capítulo, estudaremos o desenvolvimento da Psicologia, desde os primórdios, com os gregos, até as correntes mais modernas e atuais. Serão apresentadas algumas de suas linhas, com suas abordagens de apoio e suporte ao ser humano, quer seja para o autoconhecimento, quer seja para o tratamento de dores emocionais.

2.1 A Psicologia e os Gregos

Os gregos tiveram importância significativa na História da humanidade. Foram os responsáveis pela construção das cidades-estados, conhecidas como *pólis*. Para manter essas cidades, fazia-se necessário conquistar novos territórios, a fim de que riquezas fossem alcançadas. Com o aumento dessas riquezas, foi preciso aprimorar a arquitetura e a agricultura, por exemplo. Com isso, a Física, a Geometria e a Ciência Política avançaram sobremaneira.

Os gregos foram os primeiros a trazer um princípio sistematizador para a Psicologia. Esta palavra, conforme vimos, vem do próprio idioma grego, denotando a ideia de estudo da alma, essa parte não material do ser humano, onde estão alojados os sentimentos, pensamentos, desejos, as sensações e as percepções. Nela, também, estavam a irracionalidade e o amor e o ódio.

Para os filósofos pré-socráticos, a percepção era o meio pelo qual o ser humano se relacionava com o mundo, sendo assim, a questão era discutir se a existência dele está ligada ao fato de o homem vê-lo ou se existe porque este mesmo homem o vê. Em Sócrates (469-399 a.C.) a Psicologia é levada a outro patamar, afirmando que o ser humano era dotado de razão. Esta era a essência humana. Tal constatação seria objeto de intenso estudo da Psicologia.

Platão (427-347 a.C.), foi discípulo de Sócrates e trouxe uma definição quanto ao lugar onde a razão estaria acomodada no corpo do Homem. Para ele, a razão estava na cabeça, pois nela estava a alma do ser humano. A medula era a responsável por ligar a alma e o corpo. Diante disso, para Platão, a alma estava separada do corpo. Na morte, o corpo certamente deixaria de existir, mas, a alma, poderia se apossar de outro corpo.

Outro nome importante foi o de Aristóteles (384-322 a.C.). Esse pensador escreveu *De anima,* considerado o primeiro tratado de Psicologia. Aristóteles estudou as diferenças que existiam entre a razão, a percepção e as sensações. Segundo o filósofo, alma e corpo não se dissociavam e a *psiché* era o princípio ativo da vida.

2.2 A Psicologia na Idade Média

Os gregos foram dominados pelos romanos e, foi nos tempos de Roma, que o mundo conheceu o Cristianismo. O Cristianismo permaneceu vivo e influenciou o modo de pensar, mesmo quando o Império Romano foi invadido pelas tribos bárbaras, por volta do ano 400 d.C. Portanto, a maneira de pensar estava intrinsicamente ligada à religião, ou seja, a Igreja detinha o monopólio do saber, da política e da economia.

Nesse período, destacam-se dois nomes importantes: Agostinho de Hipona (354-430 d.C.) e Tomás de Aquino (1225-1274 d.C.). Agostinho tinha por base do seu pensamento, o filósofo Platão, logo, apontava a separação que existia entre o corpo e a alma. Defendia que a alma era imortal e o elo de ligação do ser humano para com Deus.

Tomás de Aquino, por outro lado, fundamentou suas bases no aristotelismo e viveu em um tempo que precedia transformações históricas e sociais importantes. De acordo com Bock, Furtado e Teixeira (2008, p. 35):

> São Tomás de Aquino viveu num período que prenunciava a ruptura da Igreja Católica, o aparecimento do Protestantismo – uma época que preparava a transição para o capitalismo, com a revolução francesa e a revolução industrial na Inglaterra. Essa crise econômica e social leva ao questionamento da Igreja e dos conhecimentos trazidos por ela. Dessa forma, foi preciso encontrar novas justificativas para a relação entre Deus e o homem. São Tomás de Aquino foi buscar em Aristóteles a distinção entre **essência** e **existência**.

Para Aquino, o ser humano em sua essência, busca ser perfeito ao longo de sua existência. Como religioso, afirmava que Deus era o único capaz de igualar a essência e a existência, logo, o caminho da perfeição do homem residia na busca por Deus.

2.3 A Psicologia no Renascimento

O Renascimento foi um período de profundas transformações históricas, sociais e culturais, que prevaleceu dos séculos XIV ao XVI. A vida comercial, por exemplo, fez com que novas terras fossem descobertas, por meio das grandes navegações. Nações em desenvolvimento, tais como, Espanha, Itália, Espanha e Inglaterra, começam a ter suas riquezas amplamente ampliadas.

Neste momento da história, o homem passa a ser valorizado, ganhando destaque especial, tornando-se o centro do pensamento. Dante produz a clássica obra "A Divina Comédia", Michelangelo pinta "Davi" e, Leonardo da Vinci, pinta um de seus quadros mais importantes e conhecidos, "Anunciação".

É nesse tempo, também, que a ciência se expande, com Copérnico, demonstrando que o planeta Terra não era o centro do Universo e com Galileu, que apresenta a Física dos corpos. Um filósofo de destaque foi René Descartes (1596-1659 d.C.) que propunha uma dualidade entre a mente e o corpo. Para ele, "[...] o homem possui uma substância material e uma substância pensante, e que o corpo, desprovido do espírito, é apenas uma máquina" (BOCK; FURTADO e TEIXEIRA, 2008, p. 36).

De fato, tal concepção foi uma ruptura com o pensamento de séculos anteriores da Igreja, que considerava o corpo sagrado, o invólucro da alma. Essa nova forma de pensar trouxe crescimento para o estudo da Anatomia e da Fisiologia, trazendo amplitude e desenvolvimento considerável para a Psicologia. De acordo com Pinho (2019, p. 56):

> Ao fazer distinção entre mente (alma e espírito) e corpo, Descartes torna possível o estudo do corpo humano morto (a dissecação de cadáveres), algo que era simplesmente inconcebível anteriormente, pois o corpo, por ser identificado como a sede da alma, era considerado sagrado pelo catolicismo e, portanto, inviolável. Graças a Descartes, foi possível o avanço da anatomia, da morfologia, da fisiologia e da medicina em geral, ciências que contribuíram para o desenvolvimento da psicologia ciência.

Como se observa, o mundo está diante de transformações e revoluções que contribuíram, preparando todo o cenário, para que a Psicologia se desenvolvesse e adquirisse força, atingindo o patamar de ciência. O século XIX será um marco importante, como veremos a seguir.

2.4 A Ciência Psicológica

Na medida em que a Psicologia foi se separando da Filosofia, adquiriu o *status* de ciência. A Psicologia moderna nasce na Alemanha, no final do século XIX, por meio de nomes importantes, tais como Wundt, Weber e Fechner. Todavia, é nos Estados Unidos que ela vai se despontar, através das primeiras abordagens ou escolas psicológicas, que foram chamadas de Funcionalismo (1842-1910), Estruturalismo (1867-1927) e o Associacionismo (1874-1949).

De acordo com Bock, Teixeira e Furtado (2002, p. 43):

> A Psicologia enquanto um ramo da Filosofia estudava a alma. A Psicologia científica nasce, quando, de acordo com os padrões de ciência do século 19, Wundt preconiza a Psicologia "sem alma". O conhecimento tido como científico passa então a ser aquele produzido em laboratórios, com o uso de instrumentos de observação e medição. Se antes a Psicologia estava subordinada à Filosofia, a partir daquele século ela passa a ligar-se a especialidades

> da Medicina, que assumira, antes da Psicologia, o método de investigação das ciências naturais como critério rigoroso de construção do conhecimento.

O século XX chega e, com ele, a substituição das escolas vigentes até então, ou seja, o Associacionismo, o Estruturalismo e o Funcionalismo. Novas tendências surgem, sendo que as mais importantes são: o *Behaviorismo* (do inglês *behavior* = comportamento), a *Gestalt* Terapia e a Psicanálise, de Sigmund Freud.

O *Behaviorismo* surge com Watson e ganha força no Estados Unidos, sendo que o foco da teoria é o comportamento do ser humano. A *Gestalt* Terapia nasce na Europa, com a premissa de que o ser humano precisa ser compreendido na sua totalidade. A Psicanálise foi uma revolução no conhecimento da *psiquê* humana. Seu pai, Sigmund Freud, apresenta um conceito revolucionário, chamado inconsciente. "O **inconsciente** exprime 'o conjunto dos conteúdos não presentes no campo da consciência'" (BOCK, TEIXEIRA, FURTADO, 2012, p. 73).

2.5 A Psicologia Hoje

A Psicologia, cada vez mais, tem adquirido amplo espaço na sociedade, pois há maior compreensão de sua importância para o ser humano. Enquanto ciência, vem se desenvolvendo primorosamente, por meio de novos conhecimentos e técnicas que servem como valioso suporte para o enfrentamento das dores, traumas, sofrimentos de toda espécie. Além disso, ela é uma ferramenta útil para o autoconhecimento, corrobora significativa e com propriedade para o levantamento de perfil pessoal, profissional, vocacional, dentre outros.

No passado, desenvolveu-se a ideia de que a Psicologia era para pessoas que possuíam algum distúrbio, tanto é que se afirmava que ela era destinada a loucos. Tal ideia preconcebida, acabou por difundir a crença de que somente pessoas supostamente anormais precisariam frequentar consultórios psicológicos. Atualmente, tem havido maior esclarecimento e a sociedade, incluindo a Igreja, tem entendido a importância desta ferramenta, deste braço do conhecimento, para o manejo das demandas humanas.

Hoje, as principais linhas teóricas vigentes são: Analítica, Comportamental (*Behaviorismo*), Terapia Cognitivo-Comportamental (TCC), *Gestalt* Terapia, Fenomenologia e a Psicanálise.

Questão para reflexão

Em sua opinião, ainda há preconceito religioso quanto à Psicologia? Justifique.

CAPÍTULO 3

A Personalidade

Muito se fala em personalidade. No dia a dia, é comum ouvir pessoas falando sobre ela e, há aqueles que chegam a afirmar que determinadas pessoas não tem personalidade. Será, mesmo? Há diferentes personalidades? Como ela se forma? Quais são os fatores que influenciam o seu desenvolvimento? A personalidade muda? Essas e outras questões serão abordadas ao longo deste capítulo.

3.1 O que é personalidade?

Definir a personalidade não é algo tão simples! Há muitas definições para ela. Sobre a personalidade também discursam a Teologia, a Filosofia, a Sociologia e o Direito. Segundo Pinho (2019, p. 139), a "personalidade é o que a pessoa é, ou pelo, menos, o que ela aparenta ser para si mesma e para as demais pessoas com quem convive".

Ora, a personalidade é o conjunto de características que integram uma pessoa, ou seja, o que ela gosta de fazer, de estudar, de trabalhar, o tipo de alimentação que prefere ingerir, a forma de se vestir, as preferências musicais, a maneira de se colocar no mundo, dentre outras coisas. Historicamente, sabe-se que:

> Na Grécia antiga, os atores de teatro utilizavam uma máscara chamada de ***prósopon*** (=face, figura, olhar ou aspecto), a qual representava alguém que, poderia ser

> humano, divino ou mitológico. Os romanos chamavam tal máscara de ***personalis***, termo que significa "*o que é próprio ou característico de uma pessoa ou* ***persona***" (***per***= *pelo, através* + ***sona***=*som*), visto que, em princípio, uma pessoa era alguém com capacidade de falar, e daquela máscara vinha o som (a voz do ator que a usava), pois ela era de cera ou argila, e, portanto, não mudava sua feição, mas tinha um orifício ao redor da boca, de onde saia o som que caracterizava a pessoa representada. De *persona* veio a palavra pessoa; e de *personalis* vieram as palavras personagem e personalidade. Quando os atores se apresentavam sem máscaras, dizia-se que eles estavam ***sine cerus***, ou "sem cera", de onde veio a palavra sincero (PINHO, 2019, p. 139).

A pergunta que se faz é: todos os seres humanos têm personalidade? No senso comum, quando alguém comete algum erro, age desonestamente ou é insegura, há os que dizem que essa pessoa não tem personalidade. Na verdade, esta ideia é incorreta, afinal, a personalidade é algo posto a todas as pessoas.

3.2 A formação da personalidade

Como a personalidade se forma? Quando? Ela muda com o passar do tempo ou ela permanece estanque? Nascemos e morreremos da mesma forma, com a mesma personalidade ou ela vai mudando com o passar do tempo? Há aqueles que são tomados pela "Síndrome de Gabriela", e dizem: eu nasci assim, eu cresci assim e, consequentemente, morrerei assim! Todas estas questões são pertinentes quando se fala da personalidade.

Para início de conversa, é preciso compreender que a personalidade é formada por um conjunto de fatores, que são: biológicos, psíquicos, sociais, comportamentais e espirituais. Os fatores biológicos estão ligados aos aspectos genéticos, aquilo que se é herdado dos ascendentes, tanto nos aspectos físicos, quanto nos neurológicos.

Os fatores psíquicos integram-se entre si, instintos, emoções, sentidos, cognições e vontade. Pinho (2019, p. 140) explica que:

> Quanto aos aspectos psíquicos, personalidade é o conjunto complexo de ***instintos*** (pulsões ou impulsos ou necessidades humanas, reações fisiológicas,

comportamentais e padrões fixos de ações,); ***emoções*** (e sentimentos); ***sentidos*** (e percepções); ***cognições*** (intelecto, processos mentais e esquemas mentais) e ***vontade*** (escolhas, atitudes, motivações, hábitos, ações e reações).

Com relação aos fatores sociais, compreende-se a influência que um ser humano recebe, por meio das relações, nas variadas instâncias. Por exemplo, a família é extremamente importante na formação da personalidade de um indivíduo, haja vista que é o primeiro e principal núcleo onde a pessoa é inserida. Se você observar a própria vida, verá que carrega padrões, formas de pensar e, até mesmo, comportamentos, que são fruto da experiência familiar.

A família é o primeiro núcleo social e é base para a constituição da vida humana. Nela, o ser humano encontra ou, deveria encontrar, a satisfação para as suas necessidades fisiológicas básicas, como por exemplo, alimentação, proteção, amparo à saúde, dentre outras, passando pelo afeto, carinho e proteção emocional, além, evidentemente, da espiritual.

Biblicamente, sabe-se que a família é uma instituição divina! Deus, ao criar o Homem e formar a mulher, ordenou que procriassem e enchessem a Terra (Gn 1, 2). Há diversos textos bíblicos tratando da família como sendo o local onde o ser humano encontra paz, alegria, cuidado e descanso (Êx 20.12; Sl 127.3-5; Ef 6.1, 2; Cl 3.20). Além disso, é na família que os princípios espirituais e de fé são transmitidos e consolidados (Dt 6. 6-9; II Tm 1.5).

Portanto, a família cristã tem o dever de influenciar significativa e positivamente a vida de uma criança, bem como de seus membros, por meio de valores e princípios bíblicos, para que o mundo seja influenciado e reflita a glória de Deus, por meio da diferença de vida e comportamento (Sl 119. 105).

Além da família, outros ambientes sociais causam influência direta na personalidade, como por exemplo, a escola, a igreja, o bairro, o trabalho, dentre outros. O fato é que, constantemente, somos influenciados e, também, estamos influenciando. Por isso, a preocupação com o tipo de exposição a que se submetem os membros da Igreja e suas respectivas famílias, especialmente, crianças e adolescentes. O cuidado é fundamental para o êxito na formação da personalidade.

Por fim, a personalidade é constituída pelo fator espiritual, ligado às crenças e valores. Estes, desde a tenra infância, vão sendo transmitidos e introjetados no ser. Cada família, por exemplo, tem um padrão de valores e crenças. Há aqueles que são específicas de um grupo familiar. O ser humano é movido por seus valores e crenças. Aquilo que se acredita sobre a vida, sobre o mundo, sobre as pessoas e sobre o eu, norteiam as condutas cotidianas.

Certamente, os valores e crenças são norteadores do comportamento. Pinho (2019, p. 141) explica que se entende por: ***"comportamento o conjunto das manifestações externas da personalidade e que podem, ou não, ser observadas através de atos, palavras, pensamentos, percepções, emoções, intenções, etc".*** Logo, quando se refere a comportamento, alude-se àquilo que pode ser visto em uma pessoa, por meio de suas ações. Estas ações resultam dos estímulos que ela recebe do ambiente ao seu redor.

Pode-se compreender, portanto, toda a complexidade que envolve a personalidade. O teólogo precisa ter esta clareza para lidar com o ser humano que estará à sua frente, seja para um processo de acolhida, de aconselhamento, mediante uma dor emocional intensa e aguda, seja para compartilhar momentos de alegrias e regozijo na presença de Deus, na Igreja ou em outro ambiente qualquer.

3.3 A evolução da personalidade

A evolução da personalidade se dá pela somatória dos seguintes aspectos: filogenéticos, sociogenéticos e ontogenéticos. Os fatores filogenéticos estão ligados às tendências inatas do ser humano e, dentro deles, encontram-se os fatores físicos e os psicológicos. Os fatores físicos dizem respeito às características físicas herdadas dos pais: altura, cor da pele, olhos, cabelo, nariz, saúde, dentre outros, ao passo que, os fatores psicológicos, apontam para os aspectos da personalidade herdada dos ascendentes. Pinho (2019, p. 330) afirma que:

> Os fatores psicológicos são chamados de atributos inerentes da alma, pois toda criança herda de seus ancestrais os aspectos naturais da personalidade (instintos, emoções, sentidos, intelecto e vontade) e também algumas características particulares (a ênfase aqui não é para os caracteres físicos e, sim, os psicológicos. Alguns estudiosos dizem que as crianças herdam mais características de personalidade dos seus avós que dos próprios pais, e creem que não é mera afinidade afetiva o relacionamento entre

> avós e netos. [...] É importante considerar também o equilíbrio neurológico e o equilíbrio emocional, pois cada pessoa ao nascer já traz consigo alguma forma de alteração neurológica e/ou emocional que mais tarde influenciará decisivamente na sua personalidade.

Como é possível perceber, os fatores filogenéticos estão postos à condição humana e têm impacto significativo sobre a formação e o desenvolvimento da personalidade, porém, é importante compreender outro fator primordial, que está ligado às questões sociogenéticas. O meio onde o ser humano vive é de extrema importância em sua formação, pois ele é moldado pela cultura, com suas ideias, valores, crenças e padrões de comportamento.

Dentro dos fatores sociogenéticos encontram-se a família e as influências ambientais. Da família, abordaram-se alguns pontos importantes acima, porém, é importante refletir sobre as influências ambientais. O autor supracitado explica que:

> Toda pessoa é produto, em maior ou menor escala, do ambiente social em que vive. Associados ao ambiente social estão os fatores econômicos e culturais. Por volta dos 6,5 anos a criança passa a ter um convívio social que sai do ambiente familiar, o qual substituirá em importância o papel da família. Logo a criança passa a sofrer outros tipos de influências sociais (socialização secundária), tais como: parentes mais distantes, vizinhança, amigos, escola, igreja, clube etc. Obviamente tudo isso está dentro de um contexto cultural que já determinou de antemão o comportamento das pessoas que agora influenciam no comportamento das novas crianças que nascem (PINHO, 2019, p. 332).

Acerca do que disse o autor acima, se você observar em si, notará que, desde a sua infância adquiriu hábitos e comportamentos que eram de praxe em sua cultura e sociedade. Age-se, geralmente, sem questionar, haja vista que os valores, costumes e práticas são culturais e vão sendo assimilados naturalmente por meio da vivência e da transmissão dos pares, sendo que é na família (socialização primária) que essa culturavai sendo, primeiramente, ensinada.

Por fim, há de se considerar como importante, também, os fatores ontogenéticos. Por mais que as influências filogenéticas e sociogenéticas existam e sejam notórias, cada ser humano é único na interpretação de suas experiências. Na verdade, essas experiências começam a ser vivenciadas no útero materno e estarão presentes até o findar da existência. Além disso, cada pessoa é dotada de vontade própria. Pinho (2019, p. 334) explica que:

> As experiências ontogenéticas determinam a vontade própria do indivíduo, e, posteriormente, vontade própria passa a ser o principal fator determinante das experiências ontogenéticas, pois além da herança filogenética e as influências sociogenéticas o homem é também aquilo que quer ser ou aquilo que ele pensa de si, ou em si, mesmo, ou seja, o fator vontade ou livre arbítrio é determinante para a personalidade.

Mediante este conhecimento, resta afirmar que a personalidade é estável e, ao mesmo tempo, dinâmica, sofrendo transformações ao longo de toda a existência. Estável porque, até os seis anos, os princípios gerais são introjetados e pouco mudam e, quando mudam, essa mudança ocorre devagar, ao longo da vida, porém, ao mesmo tempo, é dinâmica, pois sofre influência externa, cujo controle não é facultado ao Homem, como alguma alteração neurológica ou alguma mudança exógena, fruto do ambiente (PINHO, 2019).

3.4 Transtornos de Personalidade

De forma resumida, serão apresentados os principais Transtornos de Personalidade, que são: Paranoide, Esquizoide, Esquizotípico, Borderline, Antissocial, Histriônico e Dependente.

O paranoide tem o perfil desconfiado. Ele está sempre suspeitando dos outros, acreditando que irão lhe fazer algum mal. O Esquizoide costuma ser bastante limitado em suas emoções, sendo assim, sente dificuldade em estabelecer relações e vínculos sociais. O Esquizotípico distancia-se da realidade, por meio de ideias e fantasias, sendo que por meio destas, acabam por criar regras e as seguem, a fim de manter suas crenças.

O Transtorno de Personalidade Borderline ou limítrofe é um

transtorno que afeta o humor da pessoa, suas relações familiares e sociais, dentre outros aspectos. O narcisista gosta de ser adulado, de ser o centro das atenções e de receber elogios. O Histriônico é aquele perfil de pessoas que se sentem estrelas e, por isso, também anseiam por ser o centro das atenções, seduzindo com seu discurso amigos, colegas de trabalho etc. Por fim, o dependente sente a necessidade extrema de desenvolver vínculos e ser cuidado por eles. Também, costuma colocar a responsabilidade de sua vida nas mãos de outros e está sempre em busca de conselhos sobre como deve proceder em sua vida.

É importante ressaltar que um transtorno tem um conjunto de características e sintomas que o envolvem, de maneira que há prejuízo no funcionamento do indivíduo. Não se pode sair por aí classificando as pessoas, sem o devido conhecimento, sendo que o diagnóstico só pode ser emitido por profissionais competentes da Psicologia e da Medicina, especialmente, a Psiquiatria.

Os transtornos de personalidade demandam acompanhamento profissional. Uma pessoa com esquizofrenia, por exemplo, costuma ter delírios, alucinações, dentre vários outros sintomas. Portanto, é necessário que haja prescrição medicamentosa, além do tratamento psicológico, se o grau que a pessoa estiver comprometida permitir.

A esquizofrenia é uma doença e deve ser tratada como tal. É um perigo quando o conselheiro demoniza algo que precisa ser tratado. Isso, além de não resolver, piora o quadro da pessoa, entristece a família e pode gerar vários desconfortos. Que o Espírito Santo esclareça todas as coisas, a fim de que o conselheiro haja de maneira prudente e sábia.

3.5 Personalidade: Caráter – Emoções – Temperamento

De forma resumida, serão apresentadas as definições de cada termo, a fim de que o conselheiro se aproprie de cada um deles. A palavra "caráter" é proveniente do grego e significa gravar. Diz respeito à maneira como a pessoa age, se comporta, por influência direta de suas crenças e valores. Por isso, o caráter é, por vezes, usado como sinônimo de personalidade.

Outrossim, Lopes (2017, p. 71) explica que o termo temperamento "vem do latim *'temperamentum'*, procedente de *'temperare'*, que significa 'combinar em justas posições'. [...] O temperamento inclui nosso modo de perceber as coisas, de fazer escolhas e de relacionarmo-nos com outras pessoas".

O mesmo autor (2017, p.164) esclarece que "a palavra 'emoção', do latim *emovere*, significa 'para fora'. Trata-se de um processo mental e fisiológico associada a uma variedade de sentimentos e comportamentos".

Questão para reflexão

Por que é importante que o conselheiro procure conhecer os transtornos de personalidade? Justifique a resposta.

CAPÍTULO 4

Fundamentos Bíblicos do Aconselhamento

O fato de uma pessoa receber a Cristo como Salvador e Senhor não significa que não passará por situações dolorosas ao longo de sua vida. As perdas, o sofrimento, os traumas, dentre outros elementos, podem se manifestar em algum período da existência, fazendo com que o cristão necessite de um processo de aconselhamento cristão pastoral e/ou psicológico. Esse aconselhamento pode ser feito por aqueles que são preparados para acolher a dor do outro, sem preconceitos ou julgamentos. Neste capítulo, tratar-se-á sobre os fundamentos bíblicos do aconselhamento, voltando-se o olhar para a Bíblia Sagrada e para aspectos da História da Igreja e da Contemporaneidade.

4.1 O Aconselhamento no Antigo e Novo Testamentos

A Bíblia é um livro singular, que mostra a grandeza de Deus e, ao mesmo tempo, revela como o Todo Poderoso agiu na História da Humanidade, de forma condescendente, acolhendo o sofrimento humano, nas suas mais variadas facetas. Assim, nos deparamos com homens que foram escolhidos por Deus para que vidas fossem cuidadas, almas fossem tratadas (II Sm 5.2; Jr 50.6; Ez 34.2).

O próprio Cristo, em uma de suas metáforas, compara-se ao bom Pastor. Na verdade, ele via a necessidade das pessoas que viviam à margem da vontade de Deus, que é boa, perfeita e agradável, andando desgarradas, justamente, como ovelhas sem pastor (Rm 12.2; Mt 9.36). Ele ordenou a Pedro que apascentasse as suas ovelhas (Jo 21.15-18). Babler e Ellen (2019, p. 19) afirmam que: "na verdade, a própria palavra *pastor* reporta-se ao "pastor de ovelhas". Um pastor guia, alimenta, cuida, conforta, corrige e protege. Tal é a natureza do cuidado das almas".

A Bíblia Sagrada, no Antigo e Novo Testamentos, traz exemplos claros de orientações que foram salutares à vida daqueles que receberam o conselho, a orientação. Moisés, diante de grandes desafios junto ao povo de Israel, adoeceria, tamanha era a demanda do povo. Seu sogro, Jetro, o aconselhou a que dividisse a carga, escolhendo homens que fossem capazes de ajudá-lo a resolver os problemas (Êx 18).

Os livros de Provérbios e Eclesiastes são fontes de orientações para uma vida próspera e sábia. A prosperidade que a Bíblia oferece está ligada aos mais variados aspectos que envolvem a existência, portanto, não somente ao dinheiro e às riquezas, como apregoa a Teologia da Prosperidade nos dias atuais. Provérbios traz diretrizes para a conduta moral, familiar e espiritual. Em Eclesiastes, tem-se a beleza de compreender que há tempo para todas as coisas, para todo o propósito debaixo do céu (Ec 3).

Em Jó, tem-se o modelo de conselho que fere em vez de curar, que mata em vez de dar a vida. Seus amigos, ao verem-no em estado deplorável, o acusam de pecado, orientando-o a sondar o coração e ver onde tinha falhado com o Deus Todo Poderoso. Sem perícia e cuidado, elementos tão essenciais na escuta e no aconselhamento, esses homens deixaram de acolher, de dar suporte e colocaram-se na condição de juízes, condenando o ilustre Jó.

No Novo Testamento, o maior modelo de cuidado para com o próximo, evidentemente é o Senhor Jesus Cristo. Ele era especialista na dor humana. Foram tantos os casos que, conforme João relata, faltariam livros para que se registrassem os feitos do Senhor (Jo 21.25). Cristo se portava como luz e direção às mazelas humanas. Ele curava os enfermos do corpo, como os leprosos, paralíticos, cegos, surdos e, até mesmo, ressuscitava mortos, mas, principalmente, curava aqueles que estavam enfermos na alma, perdidos. Ressuscitava os mortos espirituais, dando-lhes vida, a verdadeira vida, a eterna (Mt 4. 23-25).

Ele expulsou demônios que oprimiam pessoas, parou para conversar com outras, dando-lhes total atenção. As conversas de Jesus com Nicodemos (Jo 3) e com a mulher samaritana (Jo 4) são evidências manifestas do Mestre que tocava as feridas da alma, espirituais e emocionais, trazendo o bálsamo que verdadeiramente curava.

Para Nicodemos, o Mestre afirmou que, a despeito de sua profunda religiosidade e conhecimento, já que era fariseu, seria necessário nascer de novo. Nicodemos não entende como poderia voltar ao ventre de sua mãe, sendo já grande. A revelação vem quando lhe é dito: *"Na verdade, na verdade te digo que aquele que não nascer da água e do Espírito, não pode entrar no Reino de Deus. O que é nascido da carne é carne, e o que é nascido do Espírito é espírito"* (Jo 3. 5,6).

À mulher samaritana, o Messias ofereceu uma água que saciaria a sede eterna. Era a sede da alma. Esta água somente Ele poderia lhe dar. O Senhor rompe com os paradigmas e preconceitos sociais e vai ao encontro de uma mulher desprezada, com crises existências e relacionais, inclusive na sua espiritualidade e fé, apontando-lhe novos caminhos, direcionando-a para única e correta rota, para o alvo.

Logo que se sentiu profundamente tocada e acolhida pelo Messias, saiu pela cidade, gritando e conclamando os seus moradores para que fossem até o Cristo, aquele que ela nunca tinha visto outrora, mas que tinha contado toda a sua vida. Ele foi ao cerne do seu coração, ao centro de sua alma, desnudando-a, para que fosse restaurada. O texto sagrado afirma que toda a cidade foi ao encontro do Senhor, afinal, quem não quer mudado, curado transformado? Quando voltaram, disseram a ela que não era mais pelo que tinha lhe dito, antes, eles mesmos experimentaram quem era Jesus de Nazaré (Jo 4.42).

Após sua morte e Ressurreição, ordenou aos Seus discípulos que dessem continuidade à obra que Ele veio estabelecer. Caberia a eles, trabalhar para que o Reino de Deus fosse implantado. Em Mateus 28 e, em Marcos 16, há a recomendação e ordem explícita para que os discípulos fizessem discípulos, ganhassem almas para o céu. Essa Grande Comissão deveria ser feita, simultaneamente, em Jerusalém, na Judeia, Samaria e até aos confins da Terra (At 1.8). Os discípulos deveriam evangelizar e batizar os novos crentes, *"em nome do Pai, e do Filho e do Espírito Santo"* (Mt 28. 19,20). Além disso, deveriam ensiná-los *"a guardar todas as coisas que eu vos tenho mandado"*, disse Jesus.

Correia (2013, p. 33) sinaliza que:

> Os que são batizados necessitam do acolhimento, acompanhamento e ajuda da Igreja do Senhor a fim de que seus problemas relacionados com a vida velha – já lavados e perdoados por Cristo – bem como a instrução e orientação para as demandas da vida – as ordenanças de Cristo para o dia a dia – possam,

> através do ministério do aconselhamento bíblico pastoral, cumprir integralmente a tudo o que está requerido dentro da Grande Comissão.

Como se observa, o aconselhamento bíblico e pastoral acompanha os novos crentes na fé, que trazem em sua bagagem situações pregressas que precisam ser tratadas. Para tanto, o olhar integral para o ser humano é fundamental e a Igreja precisa ser o *lócus* da ajuda, da acolhida e da cura.

Jesus, durante a sua estada com os discípulos, revelou-lhes que voltaria ao céu, após cumprir o desígnio de sua vinda a este mundo, o de morrer pela humanidade pecadora. Próximo à sua morte, passou a instruir seus seguidores que haveria de partir, de voltar para a casa, mas, jamais, os deixaria órfãos, sozinhos. Antes, após sua ascensão, haveria de vir o consolador, o Espírito Santo, que estaria com eles todos os dias. O Consolador que também era Conselheiro desceria e os faria lembrar de todas as coisas que Ele havia ensinado (Jo 14. 16-28).

A expressão "outro", no grego, significa igual, da mesma essência. Portanto, o Senhor Jesus estava dizendo que o Espírito Santo era da mesma essência que a sua, com o mesmo poder, força, capacidade e glória, afinal, o Espírito é Deus, a terceira Pessoa da Santíssima Trindade. É Ele quem revestiria os crentes para o árduo trabalho que estava por vir. A orientação foi que ficassem em Jerusalém, até que do alto fossem revestidos de poder (Lc 24. 49). De fato, a cena de Pentecostes em Atos 2, inaugura a era do Espírito, enchendo crentes para que, com ousadia, testemunhem sobre Cristo e sejam agentes de cura e de transformação. O Espírito Santo é detentor dos dons espirituais, elementos de capacitação para a realização da obra de Deus com maior eficácia e excelência (I Co 14. 12; Ef 4. 12-16).

O relato de Atos dos Apóstolos aponta para uma igreja pujante, em franco crescimento. Era uma comunidade amor, onde a comunhão imperava. Lê-se que:

> De sorte que foram batizados os que receberam a sua palavra; e naquele dia agregaram-se quase três mil almas; e perseveravam na doutrina dos apóstolos e na comunhão, no partir do pão e nas orações. Em cada alma havia temor, e muitos prodígios e sinais eram feitos pelos apóstolos. Todos os que criam

> estavam unidos e tinham tudo em comum. E vendiam suas propriedades e bens e os repartiam por todos, segundo a necessidade de cada um. E, perseverando unânimes todos os dias no templo, e partindo o pão em casa, comiam com alegria e singeleza de coração, louvando a Deus, e caindo na graça de todo o povo. E cada dia acrescentava-lhes o Senhor os que iam sendo salvos (At 1. 41-47).

Por meio da atuação do Espírito Santo, coisas extraordinárias aconteciam no seio da Igreja, na vida daqueles que se rendiam a Cristo. A doação, a entrega, a comunhão e o desejo de viver para Cristo eram as marcas da vida transformada que somente o Espírito Santo poderia promover no petrificado coração humano. Certamente, a Igreja tem a função terapêutica, afinal, quando abre os braços para receber o novo crente, propicia a abertura da alma para que seja curada de suas feridas.

Correia (2013, p. 35 e 37) é pontual ao afirmar que:

> O aconselhamento bíblico pastoral e a construção da relação de ajuda só existem no contexto da Igreja, o corpo de Cristo, e a Igreja só é Igreja enquanto cuida, trata, apoia seus membros, o corpo, povo constituído para fazer a missão de fazer discípulos, os quais estão sempre no processo ensino-aprendizagem, a fim de viver em comunhão e santidade (At 2.42; 4.32; 20.28; I Co 12. 27,28; Cl 1.18; I Pe 1. 13-16). [...] Tanto nas palavras de Jesus como nos ensinos apostólicos é possível perceber que a Igreja oferece às pessoas um senso de pertencer, organizando a vida em torno de um conjunto de valores que elevam a dignidade humana, do casamento, da família e do trabalho. O Cristianismo, sendo assim, oferece significado à existência de cada indivíduo, em todas as suas dimensões, despertando a fé e esperança e assim tornando-se modelo de comunidade terapêutica ideal.

Diante disso, é importante conceber que a missão da Igreja é extensa, afinal, ela apresenta o Evangelho de salvação e desenvolve recursos variados para ajudar o cristão a permanecer firme nesta Terra, suportando as dores da vida, atravessando cada etapa e cada dissabor da existência, na certeza da perenidade de todas as coisas, pois o destino final é a vida eterna, onde *"não haverá mais morte, nem tristeza, nem choro e nem dor, pois a antiga ordem já passou"* (Ap 21.4).

4.2 O Aconselhamento na História

Ao longo da História da Igreja, o trabalho de aconselhamento se deu a partir das demandas de cada período e necessidade. Assim, homens comprometidos com o Reino de Deus debruçaram-se em orientar vidas. João Crisóstomo, viveu entre 347 e 407 d.C. e se propôs a ajudar esposas que tinham perdido seus maridos em guerras ou em perseguições.

A filosofia e a teologia puderam dialogar, a partir dos escritos produzidos por Agostinho de Hipona (354-430d.C.). Correia (2013, p. 42) explica que Agostinho, "influenciado pelo neoplatonismo, ajudou muitos cristãos a harmonizar a fé e a filosofia, com uma produção apologética que edificou a Igreja de sua época".

Há de se ressaltar as contribuições de Tomás de Aquino (1226-1274), bem como as dos Reformadores, Martinho Lutero (1483-1546) e João Calvino (1509-1564) que, trazendo as Escrituras para o centro da vida cristã, algo que fora perdido no transcorrer dos séculos, orientavam os obreiros para que atuassem ativamente no cuidado com as pessoas, com as ovelhas do rebanho de Cristo Jesus.

O movimento dos puritanos, surgido no século XVI, na Inglaterra, apregoava forte ênfase ao cuidado humano. Não é à toa que seus pastores eram tidos por "médicos da alma" e o puritanismo passou a ser reconhecido como sendo o primeiro e primoroso grupo dedicado ao labor do aconselhamento, sendo que todo o trabalho de aconselhamento estava calcado nas Escrituras, ou seja, fundamentado na Bíblia.

No século XX, o aconselhamento passou por momentos delicados. Se antes a Teologia ocupava o lugar da ajuda, agora, a Psicologia ganha espaço, mediante a pobreza e a precariedade do trabalho pastoral frente às demandas modernas, que requeriam maior habilidade no trato e no manejo. Sem dúvida, isso enfraqueceu a clara concepção de que a Igreja é o lugar de ajuda. De acordo com Correia (2013, p. 45):

> Parados no tempo e no espaço, perdemos espaço no coração das pessoas e, infelizmente, caímos na cilada da simplificação. Em boa medida a atividade pastoral tornou-se bastante coletiva e pouco individual, muito superficial e quase nada científica. Desta maneira,

> a relação de ajuda foi enfraquecida e a importante tarefa de trabalhar arduamente no desejo de ajudar e compreender as pessoas – estudando caso a caso, buscando sabedoria para entender coisas como individualidade, personalidade, ignorando as enfermidades do nosso tempo, o desenvolvimento psicológico e como as pessoas se motivam para mudanças – foi abandonada pela maioria da liderança cristã contemporânea.

Diante deste cenário, houve a necessidade de encontrar novas formas de lidar com as questões apresentadas pelo ser humano moderno e contemporâneo, com seus dilemas e sofrimentos. Mediante esta situação, a teologia aproximou-se da psicologia, em busca de instrumentos e ferramentas que dessem conta desse cenário histórico e social. Ainda que, caminhando em pensamentos e ideias antagônicas, nomes importantes surgem, tais como: Paul Tournier (medicina e psicanálise), James Dobson (Psicologização de temas das Escrituras), Jay Adams (Aconselhamento Noutético), Gary Collins (Aconselhamento pelas vias do discipulado) e Lawrence Crabb (Diálogo entre a Teologia e a Psicologia).

Questão para reflexão

Por que é importante pensar o aconselhamento a partir das Escrituras Sagradas?

CAPÍTULO 5

O Aconselhamento Cristão e suas Singularidades

São vários os benefícios do aconselhamento, haja vista que, realmente, uma pessoa pode ser totalmente transformada por meio deste importante processo. Todavia, a figura do conselheiro é primordial para que o aconselhado receba o apoio necessário e consiga alavancar sua vida, rompendo com os fatores que o fazem sofrer. Neste capítulo, falar-se-á sobre o aconselhamento cristão e suas singularidades, haja vista que o conselheiro possui diferenciais que o habilitam para a boa obra no Reino de Deus.

5.1 O Aconselhamento Cristão

De acordo com Alexandre Júnior (2016) a palavra grega *nouthesia*, do verbo *noutheteo*, está ligada a vários termos, como por exemplo: instruir, encorajar, avisar, acalmar, amansar, advertir, admoestar, exortar, corrigir. Todas estas se resumem em uma: aconselhar. Percebe-se, portanto, a amplitude e a profundidade que revelam o processo de aconselhamento. Se fosse investido tempo, nesta obra, para dissecar cada palavra ou cada verbo aqui citado, para que se conseguisse expressar o significado do aconselhamento, certamente, esta obra não daria conta em um único volume.

Lopes (2017) esclarece que o aconselhamento não é meramente dar conselhos a alguém ou palavras de motivação e coragem, muito menos trazer respostas prontas para o indivíduo. Outrossim, reforça que o aconselhamento não pode e não deve ser confundido com o processo de psicoterapia, utilizado por especialistas da psicologia ou de outras áreas do conhecimento humano e da saúde. O conselheiro cristão se apropria dos recursos e das técnicas próprias do aconselhamento. O autor, então, enfatiza que o aconselhamento cristão está para além de tudo o que for supracitado. Ele considera que:

> Aconselhar é infundir esperanças no aconselhando, levando-o a encontrar as respostas de Deus para os seus problemas. Aconselhamento é mais do que um encorajamento. É injetar esperança, é providenciar acesso às respostas de Deus para os problemas da vida. É, sobretudo, a implementação de um padrão de mudanças na vida do aconselhando (LOPES, 2017, p. 270).

É necessário que o estudante de Teologia compreenda o que, realmente, significa aconselhar alguém, para que não reduza este momento importante em uma mera conversa, apontando possíveis caminhos e soluções para o aconselhando. Como se viu acima, aconselhar é trazer aquilo que Deus deseja para o ser humano que buscou ajuda, portanto, a sintonia do conselheiro com o Senhor e sua Palavra é fundamental.

No processo de aconselhamento, deve-se ter clareza do seu objetivo. Para que ele serve? Há eficácia? A quem se destina? Collins (2012) explica isso, afirmando que o aconselhamento precisa orientar, oferecer estímulo para homens e mulheres que estão atravessando seus desafios pessoais, que pode ser uma perda, algo que tenha causado frustração ou, quem sabe, uma decisão que precisa ser tomada e que tem cunho difícil.

Fato é que são inúmeras as necessidades humanas e, indubitavelmente, o aconselhamento pode ser norteador para a vida. Diga-se, de passagem, não são raros os casos em que foi, justamente ele, o que impediu que alguém entrasse por caminhos tortuosos e que levariam à morte. Note que Collins (2012, p. 17) afirma que:

> O processo de aconselhamento pode estimular o desenvolvimento sadio da personalidade; ajudar as pessoas a enfrentar melhor as dificuldades da vida, os conflitos interiores e os bloqueios emocionais; auxiliar os indivíduos, famílias e casais a resolver conflitos gerados por tensões interpessoais, melhorando a qualidade de seus relacionamentos; e, finalmente, ajudar as pessoas que apresentam padrões de comportamento autodestrutivos ou depressivos a mudar de vida.

Observa-se, mediante a explicação de Collins que o processo de aconselhamento tem profundidade, a ponto de modificar o padrão de funcionamento de um ser humano, a partir de modificações em sua própria estrutura de personalidade. Conforme aprendeu-se, a personalidade pode sofrer mudança e o aconselhamento é um canal para que esta transformação aconteça.

Outrossim, há de se evidenciar que, no aconselhamento cristão, o indivíduo é levado, pelo conselheiro, ao desenvolvimento de sua comunhão com Cristo, a partir do conhecimento pessoal dEle. Mediante esse relacionamento pessoal é ajudado a "encontrar perdão e a se livrar dos efeitos incapacitantes do pecado e da culpa. O objetivo final do cristão é ajudar os outros a se tornar discípulos de Cristo e a discipular outras pessoas" (COLLINS, 2012, p. 17).

Com toda a certeza, o pilar do aconselhamento cristão precisa ser Cristo e sua Palavra. É nela que o conselheiro busca os recursos necessários para que possa ajudar aos que precisam de suporte emocional no enfrentamento dos desertos da vida. Emanuel Júnior (2016) aponta os três elementos-chave trazidos por Jay Adams, no processo de aconselhamento: confrontação, mudança e cuidado.

Segundo este autor, o pecado é algo posto à condição humana e que o aconselhando traz consigo algum elemento que precisará ser alcançado e transformado por Deus. Sendo assim, o conselheiro precisará confrontar o aconselhando, sob a direção das Escrituras e debaixo da unção do Espírito Santo, com amor e cuidado, oferecendo generosa atenção, para que a pessoa seja, verdadeiramente, curada, restaurada e edificada. Emanuel Junior (2016, p. 16) afirma que:

> [...] A Bíblia nos foi dada pelo Espírito Santo para produzir em nós aquela mudança que buscamos no aconselhamento. E, se for adequadamente usada, resultará nestas quatro coisas: ensino (doutrina e exemplo); convicção (do pecado, face à comparação da situação concreta com o padrão bíblico); correção (pela confissão do pecado e busca pelo perdão divino, com a consequente mudança moral, emocional e espiritual); instrução em justiça (para o exercício de uma conduta condizente com os padrões do evangelho).

O Apóstolo Paulo escreveu que *"Toda a Escritura é divinamente inspirada e proveitosa para ensinar, para redarguir, para corrigir, para instruir em justiça; a fim de que o homem de Deus tenha capacidade e pleno preparo para realizar toda boa obra"* (II Tm 3. 16,17). A Palavra de Deus é poderosa para ir, para penetrar nos recônditos da alma, onde ninguém consegue acessar e, com isso, trazer luz e transformação. O conselheiro tem o instrumento maior, capaz de revolucionar a vida e a história de um ser humano.

5.2 A Singularidade do Aconselhamento Cristão

Gary Collins (2012, p. 18-21), na magna obra "Aconselhamento Cristão – Edição Século XXI", relata que, certa feita, foi interpelado por um grupo de capelães que afirmava que não havia, no aconselhamento cristão, nada que o diferenciasse dos demais tipos de aconselhamento.

Collins, então, demonstrou que, embora os cristãos conselheiros façam uso de recursos e técnicas utilizados também por não cristãos, há fatores que tornam o aconselhamento cristão e o próprio processo de aconselhamento singulares. Esta singularidade reside em quatro fatores: hipóteses singulares, objetivos singulares, métodos singulares e características singulares do conselheiro.

5.2.1 Hipóteses Singulares

Com toda a certeza, o conselheiro tem sua visão e opinião sobre o assunto que está sendo apresentado pelo aconselhando. Não há neutralidade ou isenção absolutas. Há vantagem sobre os conselheiros cristãos frente aos incrédulos, haja vista que os conselheiros cristãos, ainda que possam ter posicionamentos teológicos diferentes sobre determinados aspectos, são defensores de princípios ligados à natureza de Deus, ao pecado, ao perdão, à Bíblia Sagrada, dentre outros.

5.2.2 Objetivos Singulares

Quando alguém busca ajuda profissional, se depara com um especialista que se propõe a desenvolver recursos e técnicas para o manejo deste paciente, promovendo a sua melhora. Isto se dá, permitindo o autoconhecimento, a manifestação das emoções de forma acompanhada, mudanças de padrões de comportamento, dentre outros. Todavia, Collins (2012, p. 18) demonstra que:

> O conselheiro cristão vai mais longe. Ele procura estimular o crescimento espiritual do aconselhando e encorajar a confissão de pecados para recebimento do perdão divino. Além disso, ajuda a moldar padrões, atitudes, valores e estilo de vida cristãos, apresenta a mensagem do evangelho, encoraja o aconselhando a entregar sua vida a Jesus Cristo e estimula-o a desenvolver valores e padrões de conduta baseados nos escritos da Bíblia, em vez de viver de acordo com as regras relativistas do humanismo.

Como é possível verificar, os objetivos são singulares, dada à sublimidade do aconselhamento, levando o aconselhando a atingir um patamar superior por meio do desenvolvimento de sua espiritualidade que trará reflexo em sua maneira de viver, causando impacto positivo.

5.2.3 Métodos Singulares

A despeito dos variados métodos existentes, todos têm como objetivo, ajudar o ser humano a corrigir distorções e interpretações errôneas sobre a vida e o mundo, desenvolver habilidades novas, melhorar autoestima e reconhecer o próprio valor. Todos esses fatores têm um único objetivo: ajudar a pessoa. As técnicas utilizadas pelos profissionais são úteis e válidas, sendo utilizadas por conselheiros não cristãos e cristãos.

A singularidade está no fato de que o conselheiro cristão lança mão do poderoso recurso da oração e da maestria da Palavra de Deus, agindo como ferramenta de confronto, consolo e motivação para o enfrentamento das realidades da vida.

5.2.4 Características Singulares do Conselheiro

Collins (2012) demonstra que, todo aquele que se propõe a

aconselhar deva, antes, fazer quatro perguntas: Qual é o problema? Será que devo intervir e tentar ajudar? O que eu poderia fazer para ajudar? Será que existe alguém mais qualificado para atuar neste caso? Além destas questões, o autor enfatiza que é salutar que o conselheiro cristão procure acessar o que chama de natureza do problema, ou seja, seu nascimento e formas de resolução. Para isso, precisa saber o que as Escrituras dizem sobre o problema, bem como conheça as técnicas do aconselhamento.

Jesus é o padrão a ser seguido, o conselheiro por excelência. Ele usava diferentes técnicas de aconselhamento para alcançar os mais diversos tipos de personalidade.

> Contudo, o elemento fundamental no modo como Jesus ajudava as pessoas era a sua personalidade. Quando ensinava, cuidava ou aconselhava, as qualidades atitudes e valores que fazem dele o nosso modelo de conselheiro eficiente tornam-se evidentes. Jesus era absolutamente sincero, profundamente compassivo, altamente sensível e espiritualmente maduro. [...] Jesus aconselhava muitas pessoas através de seus sermões, mas também argumentava com os incrédulos, confrontava indivíduos, curava os doentes, conversava com os necessitados, encorajava os desanimados e dava exemplo de uma vida santa. Ao interagir com as pessoas, Jesus usava exemplos tirados de situações reais e incentivava seus ouvintes a pensarem e agirem em conformidade com os padrões divinos. Percebe-se, perfeitamente que Jesus acreditava que algumas vezes é necessário ouvir, confortar e ponderar a questão com a pessoa primeiro, e só depois ela estará em condições de ser confrontada, receber um conselho ou aprender através de uma pregação pública (COLLINS, 2012, p.20).

Como se pode aprender com o Mestre Jesus a maneira eficaz de se realizar um processo de aconselhamento. Observou-se, acima, que o Senhor tinha o manejo necessário para abordar uma situação, por mais delicada que fosse, e tratá-la com amor, seriedade e cuidado, visando sempre resgatar a pessoa ferida e em sofrimento.

Além disso, a Pessoa do Conselheiro, do divino Espírito Santo é o diferencial na vida do servo e serva de Deus, portanto, Sua presença e auxílio são fundamentais. O Espírito Santo orienta, revela, demonstra amor e conduz o conselheiro ao cerne da questão, dando sabedoria e graça para tratar tudo aquilo que necessita ser sanado. Com toda a certeza, todo aquele que se propõe a labutar no ministério do aconselhamento deve revestir-se da unção e graça do Espírito, pois isso também representará a singularidade do conselheiro cristão.

Questão para reflexão

Por que o conselheiro cristão e a conselheira cristã devem seguir o modelo de Jesus e depender sempre do Espírito Santo? Argumente.

UNIDADE II

O CONSELHEIRO

Indubitavelmente, a pessoa do conselheiro tem uma força e uma representatividade significativa para que um processo de aconselhamento ocorra. Ele precisa ter habilidades desenvolvidas e, também, características pessoais que, se negligenciadas, podem comprometer toda a relação de ajuda. Portanto, compreender e analisar os fatores que permeiam a vida e a formação do conselheiro são fundamentais.

Esta Unidade está dividida em cinco capítulos. No primeiro capítulo, será tratado aspectos sobre o conselheiro. No segundo, será apresentado o papel do conselheiro, ou seja, como ele deve atuar no processo de aconselhamento, ao passo que, no terceiro capítulo, estudar-se-á o autocuidado que o conselheiro precisa desenvolver. Sim, ele deve estar atento ao outro, mas, antes, precisa conhecer a si, necessita voltar os olhos para a sua interioridade, pois este cuidado consigo será primordial, a fim de que consiga ajudar o próximo.

No quarto capítulo, serão abordados dois assuntos de suma importância e que, jamais, podem ser esquecidos por quem milita no aconselhamento: a ética e a sexualidade. Quebrar a ética é cometer grave erro, comprometendo a índole do conselheiro, ao passo que, não observar rigorosamente a sexualidade, pode manchar a sua identidade, logo, é de todo necessário atentar bem para estes dois aspectos. Por fim, no quinto capítulo, será possível trabalhar e refletir sobre quais são os objetivos a serem atingidos no aconselhamento, bem como a relevância de ser fazer o bom uso da técnica.

CAPÍTULO 1

O Conselheiro

O ato de aconselhar um ser humano em sofrimento ou que precisa de um suporte para a tomada de uma importante decisão é um privilégio e um ministério que, ao mesmo tempo, requer que do conselheiro habilidade e preparo para esta nobre função, sendo que, para isto, precisa desenvolver características importantes, afim de que não caia em descrédito no seu labor. Neste capítulo, serão abordados elementos importantes que precisam fazer parte, na verdade, precisam estar cravados na vida e no caráter do conselheiro.

1.1 Quem pode atuar como conselheiro?

Esta é uma pergunta que muitos fazem! Pode aconselhar quem tem mais anos de vida? Uma pessoa jovem pode ser conselheira? Um leigo pode ajudar neste ministério ou é uma tarefa pastoral apenas? Estas e outras questões permeiam a mente de pessoas que estão na obra de Deus e ficam em dúvidas se podem, devem ou não, atuar no aconselhamento, ainda que, no dia a dia, acabem por fazê-lo.

Na visão de Lopes (2017, p. 271):

> O Ministério do Aconselhamento é uma função legítima

> do pastor, mas também pode ser exercido por pessoas que lidam habitualmente com problemas humanos (psicólogos, assistentes sociais, líderes religiosos, professores e outros) ou aqueles que possuem um mínimo de conhecimento sobre a personalidade, sentimentos e emoções humanas; pessoas bem ajustadas, de uma personalidade equilibrada, pessoas, sobretudo, espirituais e de bom testemunho.

A citação acima demonstra que há possibilidade de uma pessoa que não ocupa a função pastoral, por exemplo, exercer a função de conselheiro (a). No entanto, reitera a necessidade que se tem de conhecer o funcionamento da mente, das emoções, sentimentos e comportamentos humanos, bem como saber, ainda que basicamente, sobre a personalidade e seus tipos, noções de psicopatologia ou doenças da mente, transtornos, dentre outros.

Outrossim, há requisitos fundamentais que, se falhos, podem comprometer todo o processo de ajuda: ajuste, equilíbrio, espiritualidade e bom testemunho. Esses quatro fatores devem fazer parte do conselheiro. Como alguém que não apresenta estabilidade emocional, equilíbrio, poderá dar suporte a uma pessoa em desiquilíbrio? Como uma pessoa desajustada, poderá auxiliar àquela que precisa de ajuste? O que pensar de uma conselheira que não é espiritual, que vive segundo a carne, segundo as paixões deste mundo? Por fim, como ajudar alguém sem ser exemplo de vida com Deus e de bom testemunho perante os homens?

Essas questões devem levar à séria reflexão acerca da seriedade e do compromisso de quem se propõe a atuar neste importante ministério de resgatar vidas. Há de se encarar, com toda a seriedade, o papel e a função do conselheiro, como agente de Deus para socorro e resgate daqueles que estão precisando de mãos que abraçam e ombros que acolhem. Aconselhar é muito mais do que oferecer um lenço para enxugar lágrimas. É, antes de qualquer coisa, ser boca de Deus para produzir vida, saúde e qualidade de vida, enquanto estivermos peregrinando neste planeta chamado Terra.

Frente a tudo o que fora exposto neste capítulo, até o presente, pode-se constatar que o trabalho do aconselhamento abraça a todos aqueles que têm condições de fazê-lo, com seriedade e maestria. Cristãos podem se dedicar ao aconselhamento, desde que sigam princípios importantes estabelecidos nas Escrituras. Correia (2013), por exemplo, sinaliza que o trabalho de aconselhamento pastoral deve ser realizado por crentes que conhecem a Palavra de Deus e que são experientes nos desafios que a vida apresenta. Além disso, devem ser de pessoas de caráter maduro.

> É importante lembrar que a ideia de "ancião" na Bíblia não implica em idade avançada ou função, mas também "pessoa dotada de caráter maduro", bem como a orientação apostólica para que as mulheres idosas sejam conselheiras das mais jovens (Tt 2. 3-5). Pessoas maduras e experientes geralmente são, por natureza, conselheiras (CORREIA, 2013, p. 19).

Sendo assim, nota-se que o conselheiro deve ter habilidade para desempenhar esta tarefa e isso requer, também, certa experiência de vida. Neste aspecto, uma pessoa muito jovem pode encontrar dificuldade, devido à falta dessa experiência prática de vida e de treinamento. Por outro lado, espera-se que pessoas com mais tempo de vida sejam mais experimentados e tenham sempre uma boa palavra a dizer, a aconselhar. Via de regra, espera-se que seja assim, embora, obviamente, não pode afirmar que todos aqueles que têm mais idade são, de fato, mais maduros.

O que não deve ser negligenciado nunca é a certeza de que estar diante do próximo, a fim de ajudá-lo em suas dores e traumas, requer seriedade, compromisso e alto grau de confiança. Se estes elementos não estiverem presentes, não existirá aconselhamento, segundo as recomendações da Palavra de Deus, expostas nesta disciplina do Curso de Teologia do IBAD.

1.2 Características do Conselheiro

Há várias características que precisam estar presentes na vida do conselheiro, caso contrário, o ministério do aconselhamento ficará comprometido. Dentre as várias características, Lopes (2017, p. 271, 272) considera que o conselheiro deve: "ter habilidade para aconselhar; ter maturidade espiritual; ter amor e interesse pelas pessoas; ter bom caráter; ser autêntico; ser honesto, franco e sensível; ter equilíbrio emocional; deve conhecer a si mesmo; saber guardar sigilo".

Ter habilidade para aconselhar significa que é preciso ter experiência de vida, ter passado por situações que moldaram, prepararam o conselheiro. Ele foi treinado, capacitado e, agora, pode ajudar todo aquele que sofre. Assim como qualquer ofício requer preparo de quem o pratica e, na medida em que se executa a função, adquire-se perícia e experiência, o trabalho de aconselhamento segue a mesma direção.

Outro fator indispensável é que o conselheiro deve ser experimentado na Palavra. Ele conhece a Bíblia Sagrada, sabe dos seus princípios, sabe como Deus deseja que o ser humano viva e se comporte. Sabe que, princípios quebrados, trazem consequências drásticas para a existência, assim como tem consciência da graça abundante, da misericórdia infinita e do amor inesgotável de Deus. Isto será tratado um pouco mais à frente. Sua vida é regida pelo Espírito Santo e, por ser cheio d'Ele, jorra palavras de vida e de unção, capazes de quebrar todo o jugo.

Quando isso acontece, o amor pelas vidas faz com que o conselheiro vá ao encontro delas com genuíno interesse em ajudá-las, em sinceridade e profundo desejo para que encontrem paz, equilíbrio e qualidade de vida. Impossível o conselheiro não se alegrar com as conquistas e com a melhora do aconselhando. Cada passo novo, cada conquista e cada ganho devem ser celebrados e comemorados, afinal, isso sinaliza o bom trabalho que vem sendo feito, debaixo da graça do Senhor e do auxílio do Espírito Santo.

Espera-se que o conselheiro seja uma pessoa de caráter. Sim, sua vida precisa ser exemplo de retidão e boas atitudes. Sua conduta deve ser pautada pelo esmero em fazer o que é justo e certo. Um mau caráter jamais poderá se colocar na posição de conselheiro, pois repousa sobre ele o comportamento desviante, levando-o a atitudes que ferem os mandamentos e as leis divinas. O conselheiro de caráter é honrado e sua vida é um exemplo a ser seguido. Isso não quer dizer que ele não possa errar, cometer falhas ou equívocos, ou, por outro lado, que seja perfeito, até mesmo porque está neste mundo, sujeito à natureza humana carnal, inclinada ao erro e ao pecado. A diferença é que o conselheiro crucifica a sua carne, com suas paixões, permite-se ser moldado por Cristo e vai, dia a dia, por meio da santificação, tornando-se mais parecido com o seu Senhor, tendo o seu caráter moldado (Rm 8. 28,29; Gl 5.24; I Ts 4.3; I Jo 2.6). Isso quer dizer que o conselheiro jamais vive no erro, no pecado, em injustiças e em práticas imorais.

Quando assim age, estará apto para pregar, ensinar, encorajar, motivar e aconselhar, afinal, não é um mero expositor da Bíblia, antes, é um praticante dela. Sua fala e sua ação caminham juntas, de mãos dadas, sem incoerência. O que é dito é vivido; o que é ensinado, praticado. A vida e as atitudes refletem o conteúdo de seu conhecimento teórico e vivencial, experiencial da Pessoa de Deus.

Na medida em que isso ocorre, a honestidade das palavras e das ações são evidentes. Há franqueza, sinceridade, abertura e sensibilidade. Lopes (2017, p. 272) afirma que o conselheiro honesto, franco e sensível age sem "nunca criticar, menosprezar, nem fazer comparações com seu aconselhando". É certo, também, que ele sabe reter para si, aquilo que é do outro e lhe está sendo confiado, bem como sabe os limites da própria exposição de seus conteúdos ou assuntos íntimos, delicados.

Todos os pontos elencados acima não podem prescindir do autoconhecimento do conselheiro. Ele precisa conhecer a si, suas forças e fraquezas, suas inseguranças, dentre outros elementos de sua vida emocional, para que atue com equilíbrio e sabedoria. Um conselheiro que não está bem emocionalmente, poderá confundir papéis e comprometer o processo de ajuda ao próximo. Se estiver sofrendo com algum transtorno psicológico, deve ser ajudado, até que restabeleça sua saúde e consiga acolher a dor do outro, sem ser afetado por ela.

Por fim, o sigilo das informações é fundamental. Aquilo que é confidenciado ao conselheiro deve ser guardado com todo cuidado, para que as pessoas sejam respeitadas em sua privacidade e história. Jamais o conselheiro deve falar a outros o que alguém lhe confidenciou. A confiança é fundamental! O altar não pode nunca ser alvo de indiretas sobre o que foi contado no gabinete ou na sala pastoral ou de aconselhamento. Jamais deve-se expor conteúdos que foram tratados a dois ou a três, em um processo de ajuda e orientação.

Evidentemente que, se aquilo que está sendo confidenciado, põe em risco a vida do aconselhando, como em um caso de iminente suicídio, por exemplo, jamais o conselheiro deverá ficar com esta informação consigo, antes, de forma sábia e discreta, deverá recorrer à rede de proteção daquela pessoa, como a família, por exemplo, para que evite uma tragédia. Na verdade, em uma situação desta envergadura, não se deve sequer deixar a pessoa sair da sala ou do local de aconselhamento, sozinha.

Fora casos extremos como esse, é esperado do conselheiro atitude madura e sigilosa. Isso reflete o seu caráter, preserva a sua imagem e glorifica o nome de Deus. Não é pequeno o número de pessoas decepcionadas por terem confiado algo íntimo de suas histórias e, tempo depois, terem descoberto que outros ficaram sabendo do ocorrido. Que haja nos conselheiros sabedoria e graça, para que lidem com a dor e o sofrimento do outro, sem aumentá-los.

1.3 Características Espirituais do Conselheiro

Espera-se que o conselheiro cristão entenda a importância e a necessidade da manutenção das virtudes espirituais, haja vista que elas são fundamentais à sua vida e para que exerça um ministério frutífero de ajuda e orientação ao próximo. Quando o conselheiro exercita as disciplinas espirituais, cresce em sabedoria e graça, tendo seus ouvidos afinados para entender as diretrizes do Espírito para cada ocasião.

Smith (2016) aponta os quesitos que são indispensáveis na prática da espiritualidade do obreiro, que são: ler a Palavra de Deus; memorizar as Escrituras; orar; relacionar-se com uma igreja local; adorar; ter uma teologia correta; ser semelhante a Cristo e ser um administrador. De início, o autor salienta que:

> O conselheiro bíblico precisa, é claro, ser nascido de novo; pois como um conselheiro poderia usar corretamente a Palavra de Deus se o Espírito não residir nele? E como um conselheiro pode encorajar outros a mudar sua conduta e crescer em seu relacionamento com o Senhor se ele mesmo não for um modelo do poder transformador do evangelho? (SMITH, 2016, p. 104).

Parece algo elementar tal afirmação, todavia, é importante refletir sempre sobre aquilo que é aparentemente óbvio porque, não raras vezes, é justamente no óbvio que o ser humano costuma perder-se. Somente uma vida transformada, regenerada pelo poder do Espírito Santo será capaz de exercer um ministério de aconselhamento profícuo e duradouro.

A leitura da Palavra de Deus é fundamental para o conselheiro. Desenvolver um roteiro de leitura o ajudará a permanecer firme, dia a dia, diante das Escrituras, debruçado sobre as verdades eternas, que serão úteis no suporte ao próximo. Correia (2013), ao falar de sua experiência, enfatiza que é comum pessoas que foram machucadas e prejudicadas por meio de conselheiros que não tinham o manejo bíblico. O autor reitera que:

> Conselhos, baseados na experiência humana podem até oferecer ajuda em algum nível, mas a eficácia do aconselhamento depende também de seguirmos o Conselheiro por excelência neste ponto, pois Ele,

> a verdade encarnada, declarou: **"a tua palavra é a verdade"** (Jo 17.17). Conhecer e praticar a Palavra de Deus é indispensável à pessoa do conselheiro (Tg 1. 21-22). Sempre que este ministério estiver sendo exercido de maneira a abençoar a Igreja, de maneira correta, é porque o obreiro **"maneja bem a palavra da verdade"** (2Tm 2.15) (p. 88).

De posse destas orientações, é fato que, o conselheiro que não se apropria do conhecimento bíblico dificilmente conseguirá colocar seus princípios em prática, estimulando-os, também, em seu aconselhando. Se ele sequer lê, quanto mais conseguirá memorizar os textos, conforme sugerido por Smith! A memorização faz com que o conselheiro coloque em prática passagens bíblicas, que servirão de suporte para o enfrentamento de suas próprias realidades, logo, conseguirá aplicar estas mesmas referências aos que necessitam de suporte.

E no que diz respeito à oração? Ela é necessária? A resposta é um claro sim. É dever do cristão orar porque Deus assim deseja (Cl 4.2; I Ts 5.17). A oração é o caminho para a comunhão e a intimidade com Deus. Correia (2013) ressalta que ela é o oxigênio da alma e, portanto, deve fazer parte das disciplinas na vida de um cristão.

Além disso, o Senhor Jesus deu o exemplo acerca da importância da oração. Ele, constantemente colocava-se diante do Pai. Em Marcos 1.35 lê-se que Ele buscou um lugar retirado para falar com Deus após ter realizado muitos milagres de cura e de libertação de pessoas que estavam escravizadas por demônios. Antes de chamar os discípulos, passou a madrugada em oração (Lc 6.12) e, deseja que seus seguidores orem (Mt 6. 5-9).

Se a vida de oração do conselheiro for vazia, escassa, certamente, o processo de aconselhamento também o será. Por isso, é necessário habituar-se na oração. É preciso separar tempo para estar na presença do Todo Poderoso. Smith (2016, p. 106) afirma que: "os conselheiros precisam orar para que o Espírito opere na vida dos aconselhados e orar para que sua própria vida sirva como exemplo de obediência aos princípios bíblicos e de crescimento constante no conhecimento da Palavra de Deus".

Se orar é importante e independe do tempo e do local, pertencer a uma Igreja é vida e saúde para o conselheiro. Historicamente, os cristãos se reuniram na congregação, atuando em comunhão uns com os outros, sendo ministrados e edificados (At 2. 41,42). Quando o conselheiro está na Igreja, é alimentado pela exposição da Palavra que recebe, como tem a oportunidade de levar alimento sólido e saudável para a membresia por intermédio de suas exposições e estudos bíblicos. Outro fator diz respeito ao desenvolvimento da submissão à autoridade da liderança da Igreja, haja vista que Deus estabeleceu ordem e hierarquia na condução de sua obra.

A Igreja é um excelente espaço para a adoração. Adorar deve ser prioridade na história do conselheiro. A gratidão e o louvor a Deus, primeiramente, por aquilo que Ele é, por seu caráter, seus atributos e sua grandeza. Em segundo lugar, por tudo o que Ele faz. Verdadeiramente, grandes são os feitos e as realizações do Senhor. Suas obras são magnificas e, a maior delas, fora a obra de salvação realizada em favor da humanidade, ao enviar Cristo Jesus para morrer em seu lugar. É impossível dimensionar a grandeza do amor de Deus, colocando-o em palavras (Jo 3.16).

O desenvolvimento de uma teologia correta é fundamental para que se tenha um processo de aconselhamento eficaz. É necessário compreender as doutrinas bíblicas, a fim de que se instrua adequadamente, a partir das Escrituras. Outro fato a ser destacado é que, não raras vezes, os aconselhandos trazem pecados que foram cometidos ou, quando se observa as atitudes que estão gerando problemas, identifica-se que nelas, o pecado está presente. Nesta linha de raciocínio, Smith (2016, p. 108) enfatiza que:

> Para o conselheiro é particularmente importante ter uma compreensão correta da teologia do pecado. Tantos problemas de aconselhamento são um resultado direto do pecado, mesmo assim, frequentemente os conselheiros minimizam o pecado. Eles não entendem a doutrina do pecado, não entendem quão sério e quão insistente o pecado é, nem o que Deus pensa sobre o pecado ou o que precisam fazer para evitar praticá-lo.

Ignorar a realidade do pecado e a importância de orientar o aconselhando que o abandone, é minar as bases do aconselhamento bíblico, é somar para que a verdadeira libertação não chegue, é navegar em águas rasas, que não promovem restauração, enquanto o Senhor Deus deseja que se navegue em águas profundas, da restauração, do conserto e do perdão.

Além da realidade do pecado, conhecer a teologia correta auxilia o conselheiro a lidar e confrontar as ideologias e filosofias deste século, que atuam com força para tragar o ser humano, incluindo aqui, maneiras de aconselhamento que não são bíblicas, mesmo que, supostamente, sejam utilizadas por aqueles que se dizem cristãos, mas utilizam-se desse mecanismo importante para fins de manipulação.

A teologia correta também é um auxílio para ajustar situações e conflitos de relacionamento. Muitos buscam ajuda porque não estão conseguindo ter um bom relacionamento familiar, com o cônjuge ou com os filhos, por exemplo. Outros, têm dificuldade para se relacionar no trabalho e, até mesmo, na Igreja. Logo, o conselheiro poderá ser assertivo à luz da boa teologia, conduzindo a processos de melhoria contínua das relações.

Tudo o que fora expresso até o presente, neste capítulo, deve levar o conselheiro a uma meta, ou objetivo: ser semelhante ao Senhor Jesus Cristo (Rm 8. 28,29; II Co 3. 18). Essa clareza torna importante a dedicação e a entrega para que isso aconteça. O conselheiro que se parece com Cristo será canal para o fluir da vida d'Ele e a unção do Espírito conduzirá todas as coisas ao melhor desfecho.

A partir dessa comunhão com o Mestre, haverá a consciência desperta de que tudo o que foi dado ao cristão veio pelas poderosas mãos do Senhor, como um gesto de graça e misericórdia, concedendo aos homens, dons e talentos, que devem ser utilizados para o crescimento do Reino de Deus na Terra. Portanto, não há espaço para vanglória e autopromoção, afinal, trata-se da mordomia e, o mordomo, apenas cuida do que lhe fora confiado, das coisas do seu senhor, a fim de que frutos preciosos sejam gerados. No caso do conselheiro cristão, ser mordomo deve resultar na glorificação do nome do Senhor Deus.

Questão para reflexão

Por que é importante que o conselheiro observe as disciplinas que lhe cabem? Em sua opinião, quando o conselheiro não as segue, como isso tem reflexo nos aconselhamentos?

CAPÍTULO 2

O Papel do Conselheiro

O conselheiro conseguirá realizar um bom trabalho se delimitar bem seu espaço e seu papel. Compreender esse papel que deve desempenhar, fará com que obtenha êxito em sua missão. Quando não tem noção dos seus limites, pode agir na contramão da proposta, ou seja, em vez de ajudar pode comprometer o processo de aconselhamento. Neste capítulo, serão apresentados os elementos que precisam ser priorizados na relação de ajuda, contribuindo, assim, para que o aconselhamento seja eficaz.

2.1 Compreendendo o Papel

Os papéis apresentados neste capítulo, seguem a linha proposta por um Pastor e Psicólogo chamado Maurice Wagner, citado por Gary R. Collins, em "Aconselhamento Cristão – Edição Século XXI". De acordo com Maurice Wagner[2], há algumas áreas onde os papéis podem ficar confusos, gerando problemas. São elencadas nove situações, descritas abaixo:

1. Visitar versus aconselhar;
2. Precipitação versus cautela;

2 WAGNER, Maurice *apud* COLLINS, Gary, 2012.

3. Desrespeito versus compreensão;
4. Preconceito versus imparcialidade;
5. Dar ordens em vez de explicar;
6. Envolvimento emocional em vez de objetividade;
7. Impaciente em vez de realista;
8. Artificial em vez de autêntico;
9. Ficar na defensiva em vez de demonstrar empatia.

Como se pode constatar, são vários os aspectos que, se não observados com clareza, podem comprometer todo o caminho do aconselhamento. É essa confusão de papéis, ou a falta de compreensão dos limites, acerca do espaço de cada um, que podem prejudicar aquilo que deveria ser bênção para quem está precisando de suporte e, simultaneamente, uma experiência a mais para aquele que se propõe a militar como conselheiro. Compreendamos o significado de cada aspecto apresentado por Maurice Wagner, na obra "Aconselhamento Cristão – Edição Século XXI", de Gary Collins (2012).

2.1.1 Visitar versus aconselhar

Geralmente, quando uma visita é realizada, recebe tom informal de maior conversação, a fim de saber como uma pessoa ou uma família está. Outrossim, as visitas não raramente, envolvem relação de amizade e proximidade. Há casos em que, por exemplo, uma visita é feita a uma pessoa enferma. Neste encontro, procura-se saber como a pessoa está, a fim de que se ore por ela, se leia as Escrituras e, por fim, se deixem palavras de incentivo, motivação e ânimo.

Já, o aconselhamento, é diferente em sua especificidade. A conversa estabelecida tem um objetivo, um propósito. Onde é preciso chegar? O que é preciso compreender? Que é preciso sanar? Para isso, o conselheiro vai ao ponto, àquilo que precisa ser tratado, orientado e, verdadeiramente, mexido. Neste caso, avaliam-se as necessidades do aconselhando e trabalha-se para que sejam acolhidas. É comum que mais de um encontro aconteça, dada a demanda em questão. No entanto, "[...] quando estas se prolongam e passam a ser um fim em si mesmas, a eficiência do processo é prejudicada" (COLLINS, 2012, p. 30).

Diante destas informações, é salutar que o conselheiro tenha cautela e consiga estabelecer os devidos limites, para que não aconteça de confundir os papeis, causando prejuízos ao aconselhamento. Certamente, a ausência de clareza neste aspecto poderá não ser saudável dentro do processo estabelecido.

2.1.2 Precipitação versus cautela

Vive-se em um tempo de coisas ágeis. Tudo precisa ser resolvido em pouco tempo. As pessoas estão apressadas, querem tudo para "ontem" e isso inclui a resolução de seus conflitos e problemas. No entanto, é preciso compreender que problemas levam tempo para que sejam solucionados, principalmente, quando envolve a necessidade de cura interior, para feridas profundas que foram abertas.

Quanto maior a pressa, maior o risco de precipitação. Sim, precipitação nas palavras e nas atitudes, tanto por parte do conselheiro, quanto do aconselhando. Por isso, o tempo de escuta é fundamental. O conselheiro precisa ter tempo para ouvir, ouvir sem pressa, sem correria, haja vista que, quando isso ocorre, há menos riscos de falar precipitadamente, emitindo opiniões ou, quem sabe, algum juízo, fora do tempo. Outrossim, há outro ganho importante, afinal, o aconselhando sente-se mais seguro e apoiado, quando o ritmo de aconselhamento segue uma diretriz, pontual e certeira, sem apressamentos.

Não são poucos os casos de fracasso no aconselhamento devido à pressa do conselheiro ou ao desejo de concluir rapidamente, manifesto pelo aconselhando. Se o conselheiro desejar correr com o tratamento, abordando vários aspectos ao mesmo tempo, causará prejuízos e fará mal ao aconselhando que suporta lidar com várias situações simultaneamente. Por isso, "[...] o aconselhamento deve ser ritmado e sem atropelos, mesmo que isso implique em diminuir a duração de cada sessão e aumentar a frequência" (COLLINS, 2012, p. 30).

2.1.3 Desrespeito versus compreensão

Você conversaria com alguém que te desrespeitasse? Abriria seus segredos mais profundos àquele que faria chacotas com seus dilemas e dores? Ficaria tranquilo com alguém que gosta de atribuir rótulos às pessoas, especialmente, mediante suas dificuldades? A resposta, certamente, é não!

Portanto, não seja um conselheiro que age desta maneira, pois, quem assim faz, contribui para que o aconselhando fique desapontado e, o que é muito pior, sem melhora no seu quadro. O conselheiro é chamado para a ação com misericórdia, graça e compreensão. Se você não é capaz de compreender a ferida do outro, não se preze a ser conselheiro, pois o conselheiro é respeitoso em suas colocações e ponderações.

Sim, por meio do respeito, consegue ser assertivo, falar o que precisa ser ouvido, pontuar o que precisa de ajuste e mudança, porém, atua de maneira que o aconselhando se sinta abraçado, apoiado na tomada de novas decisões e caminhos que lhe farão bem. É justamente a segurança de que não será julgado ou rotulado que faz com que o aconselhando busque, na figura do conselheiro, suporte para romper com os grilhões que o prendem, impedindo-o de prosseguir em liberdade. Que cada conselheiro opte pela compreensão pois, somente assim, conseguirá ser guiado pelas sendas do respeito.

2.1.4 Preconceito versus imparcialidade

O preconceito não deve fazer parte da caminhada do conselheiro! Uma pessoa preconceituosa estabelece muros que impedem o acesso ao outro, à sua dor. O preconceito afasta as pessoas, pois elas não se sentem acolhidas. Mesmo que alguém traga algum conteúdo difícil, que fira os preceitos da Palavra de Deus, espera-se que o conselheiro consiga entender aquela situação sem colocar suas ideias, seus discursos que acabem por refletir preconceito.

Segundo Collins (2012, p. 31):

> Há momentos em que o aconselhando precisa ser confrontado por causa de um pecado ou comportamento inadequado, mas isso não é o mesmo que condenar ou pregar para a pessoa durante a sessão de aconselhamento. Quando os aconselhandos se sentem atacados, podem adotar três tipos de atitude: ou se defendem (geralmente com agressividade), ou se mostram resignados e dizem: "De que adianta isso tudo?", ou continuam com o conselheiro temporariamente, de má vontade. Nenhuma dessas atitudes contribui para o crescimento do aconselhando, e todas são uma forma de reação a uma técnica de aconselhamento que geralmente reflete a ansiedade, a incerteza e o desejo de poder do próprio conselheiro".

O aconselhamento não será benéfico se entrar em uma dessas situações citadas acima. Para que um bom processo flua, o aconselhando deve sentir-se bem, a fim de trazer suas demandas, na certeza de que será compreendido e, não, julgado. O próprio Cristo acolhia, confrontava o pecado, mas agia com amor, compaixão e graça para com aquele que estava em sofrimento. Se havia arrependimento genuíno e sincero, lá estava ele ajudando a pessoa a mudar sua rota e, consequentemente, o seu destino.

2.1.5 Dar ordens em vez de explicar

O conselheiro deve ser cauteloso na forma como conduz o processo de aconselhamento pois, de forma inconsciente, pode refletir o desejo de exercer domínio e de controlar o aconselhando. Quando isso ocorre, há o risco de o aconselhando não conseguir dar conta das tarefas que lhes foram estabelecidas ou orientadas, resultando em insatisfação e sentimento de incompetência, ligados à culpa. Nas palavras de Collins (2012, p. 31): "O conselheiro e o aconselhando têm que trabalhar como um time em que o conselheiro atua como um professor treinador, cujo objetivo final é sair de campo".

2.1.6 Envolvimento emocional em vez de objetividade

O conselheiro precisa estar cônscio do seu lugar no aconselhamento, no que diz respeito ao distanciamento necessário para o processo flua. Quando há um envolvimento que ultrapassa o limite que permite diferenciar-se na ajuda, justamente essa ajuda fica comprometida.

É evidente que para que se consiga desempenhar com excelência o aconselhamento, deve-se construir um forte e significativo elo com o aconselhando, sendo que este elo pode ser chamado, também, de vínculo. Mediante a vinculação, abre-se a oportunidade de contribuir com o outro, haja vista que haverá tranquilidade e abertura para a exposição de conteúdos que são dolorosos.

Apesar do significativo vínculo, se o conselheiro se envolver emocionalmente, em demasia, com o aconselhando, terá diante do processo, um possível entrave. Esse envolvimento, geralmente, ocorre quando o conselheiro também está atravessando alguma fase difícil em sua vida ou quando sua história ou um problema que esteja atravessando seja semelhante ao do aconselhando.

Segundo o que explica Collins (2012, p. 31):

> O excesso de envolvimento emocional pode fazer com que o conselheiro perca a objetividade, e isto, por sua vez, reduz a eficácia do aconselhamento. Em certo sentido, as pessoas compassivas não conseguem evitar o envolvimento emocional, mas o conselheiro cristão pode resistir a esta tendência se ver o aconselhamento como uma relação de assistência profissional que

> pode ser limitada em termos de duração, ou número de sessões, número de conversas ou interrupção do agendamento. Essas limitações não têm o objetivo de colocar o conselheiro à parte, mas sim de ajudá-lo a manter a objetividade necessária para poder ajudar o aconselhando.

A objetividade não pode ser perdida no labor do aconselhamento. Há uma trilha a ser percorrida para que se chegue a uma meta, que precisa ser alcançada na caminhada com o aconselhando. É preciso saber separar bem aquilo que é da ordem pessoal do aconselhando e aquilo que é da ordem pessoal do conselheiro. Se os lugares forem confundidos, dando abertura para o excesso de envolvimento emocional, a necessária ajuda ficará comprometida.

Por isso, é importante que o conselheiro faça uma autoanálise, para que verifique o grau de comprometimento que adquiriu com o aconselhando e, um dos recursos para essa percepção é perceber o quanto determinados conteúdos trazidos por quem precisa de ajuda, o afetam, deixando-o preocupado, triste, pesaroso, dentre outros.

2.1.7 Impaciente em vez de realista

Vive-se em uma sociedade que privilegia a cultura do instantâneo. Como fora dito, anteriormente, tudo é para "ontem". As pessoas procuram por métodos que tragam resultados rápidos. Aquilo que leva tempo, que é mais demorado, tende a ser rejeitado pela cultura deste tempo.

Todavia, é importante compreender que mudanças duradouras requerem tempo, tempo de dedicação, de paciência para suportar a dor, tempo para curar, a ponto daquela ferida não doer mais. A impaciência é sabotadora da mudança. Especialmente, quando se trata de questão emocional, pode-se ter certeza de que haverá a demanda do tempo.

A impaciência não é benéfica para ambos: conselheiro e aconselhando. A paciência, portanto, é uma virtude que precisa ser posta em prática, exercitada. Quem age na impaciência, desencadeia a ansiedade e, neste caso, tudo tende a ficar pior, mais complicado, podendo levar o processo a uma verdadeira ruptura.

Por outro lado, o conselheiro precisa manter-se firme, justamente quando não consegue perceber a evolução do seu aconselhando. Parece que o tempo passa, os recursos se esgotam e não há progresso, melhora. Collins (2012, p. 31) diz que: "Os problemas geralmente levam muito tempo para se desenvolverem e presumir que eles desaparecerão rapidamente por causa das intervenções do conselheiro não é uma postura muito realista".

Mudanças rápidas podem ocorrer, todavia, as duradouras costumam levar mais tempo. É sempre importante lembrar que cada ser humano traz consigo estruturas de pensamentos e comportamentos, sendo que, muitos deles, foram sendo construídos durante toda a vida e que romper com essas estruturas demandará tempo, dedicação e empenho, o que exige, sem sombra de dúvida, o exercício da paciência.

2.1.8 Artificial em vez de autêntico

Há um perigo que ronda a mente dos conselheiros: a ideia de perfeição.Sim, muitos alimentam a fantasia de que precisam ser perfeitos, ter respostas para todas as perguntas e saídas para todos os caminhos que lhe são trazidos. Esse tipo de pensamento disfuncional pode acarretar prejuízos e cobranças por demais desnecessárias na vida do conselheiro. Collins (2012, p. 31) diz que:

> Conselheiros deste tipo geralmente têm dificuldade de admitir suas próprias fraquezas e falta de conhecimento. Eles ficam tão ansiosos de serem profissionais bem-sucedidos que se tornam artificiais, distantes e até pretenciosos. É difícil, talvez até impossível, para um aconselhando relaxar e falar de seus problemas honestamente com um conselheiro que dá a impressão de ser perfeito, alguém que "faz tudo certinho".

É preciso tomar cuidado para não cair nesse engodo. Conselheiros são humanos e têm suas forças e fraquezas, que precisam ser melhoradas dia após dia. Vestir uma capa de perfeição, faz com que os aconselhandos se afastem, por não notarem no conselheiro, alguém que seja como eles, humano. É preciso ser autêntico, verdadeiro e não artificial. É necessário transmitir verdade naquilo que se é e no que se faz, pois, somente assim, será possível alcançar o coração daquele que precisa de ajuda.

Jesus Cristo foi o único perfeito que pisou sobre este solo. Ele atingiu todos os objetivos na ajuda e no resgate do ser humano de forma plena. Nós, humanos, precisamos de sua graça e capacitação para que atuemos de forma efetiva, porém, não podemos nos esquecer de que também erramos, temos nossas imperfeições e que, ao mesmo tempo, contamos com um Deus gracioso, nos capacita e nos dá caminhos de ajuda ao próximo. Sendo assim, não precisamos de máscaras, antes, podemos ser autênticos em nosso trabalho, glorificando o nome do Senhor.

2.1.9 Ficar na defensiva em vez de demonstrar empatia

O processo de aconselhamento é benéfico por demais para quem está precisando de ajuda, porém, é permeado de desafios que precisam ser muito bem conduzidos pelo conselheiro. Nesse caminho, podem ocorrer críticas, sensação de não estar contribuindo com o aconselhando, culpa ou impressão de que esse próprio aconselhando será agressivo em suas atitudes, comportamentos e palavras.

Diante disso, um dos recursos disponíveis ao conselheiro é que busque ajuda, orientação com outro conselheiro, a fim de que possa abrir o coração e, com isso, pensar juntos sobre as possibilidades de continuidade do tratamento benéfico do aconselhando. O autoconhecimento também é necessário ao conselheiro, pois, na medida em que se conhece melhor, consegue lidar com mais tranquilidade com as manobras do aconselhando.

Collins (2012, p. 32) orienta que:

> Quando assumimos papéis inadequados no processo de aconselhamento, devemos reestruturar a relação, se necessário até dizendo ao aconselhando o que tencionamos mudar (estabelecendo horários rígidos para as sessões, por exemplo recusando-se a largar o que estiver fazendo toda vez que um aconselhando telefonar, ou se tornando menos diretivo. Fazer esta reestruturação é sempre complicado porque envolve tomar de volta algo que foi dado. Mas não fazê-la significa continuar com a confusão de papéis e com um aconselhamento ineficiente. Erros e trocas de papéis não são tragédias irreversíveis. Um bom relacionamento com os aconselhandos pode cobrir uma multidão de erros, mas não devemos usar isso como desculpa para fazermos nosso trabalho de qualquer jeito.

O que se deve ter sempre em mente é que Jesus Cristo é o ajudador e o suporte do conselheiro quando desafios como estes surgem. Por meio do Espírito Santo, é possível romper as barreiras que querem impedir a libertação daqueles que, de alguma forma, sentem-se aprisionados. A sua unção e graça quebram todo o jugo e faz com que o conselheiro consiga atingir recônditos da alma.

Todavia, que nunca falte no conselheiro a empatia, essa capacidade de colocar-se no lugar do outro, de vivenciar a dor do outro, porque, sem ela, não se consegue estabelecer uma relação de ajuda. A empatia humaniza o conselheiro, preparando-o para ser mais assertivo em suas colocações e nas diretrizes condutoras do processo de aconselhamento.

Questão para reflexão

Por que é importante que o conselheiro procure desempenhar bem o seu papel? Justifique a resposta.

CAPÍTULO 3

O Autocuidado do Conselheiro

O conselheiro é alguém dotado de autoridade para conduzir um processo de orientação e ajuda para com aquele que está passando por momentos de dificuldade, de dor ou que, de repente, precisa tomar decisões importantes em sua vida. Todavia, da mesma forma, é necessário que ele se cuide, assim como deseja que os aconselhandos sejam cuidadosos em relação à existência. Outro fator deveras importante, está relacionado aos aspectos éticos. Respeitá-los é essencial para o manejo da relação que se estabelece no gabinete, no escritório, na Igreja. Neste capítulo, serão abordados os aspectos voltados para o autocuidado do conselheiro, princípios que não podem, jamais, ser negligenciados.

3.1 Lidando com pessoas desafiadoras

Quando se trabalha com pessoas, especialmente no aconselhamento, por mais que busquem ajuda, no decurso do tempo o conselheiro observará que existem aquelas que não são colaborativas para que a melhora aconteça. Existem aquelas que resistem ao tratamento, como há aquelas que são resistentes e manipuladoras. De fato, identificar isso não é fácil e, nem mesmo prazeroso para o conselheiro, especialmente, porque se dedica a ajudar e a promover cura e crescimento. Collins

(2012, p. 32) diz que: “se concordarmos em tentar ajudá-las, estaremos nos sujeitando à possibilidade de disputas de poder, exploração e fracasso”.

Frente a isso, é importante que sejam considerados alguns mecanismos que atuam para a frustração do conselheiro. O autor supracitado demonstra três deles, que são: manipulação, contratransferência e resistência. Vejamos o significado de cada um destes mecanismos.

3.1.1 Manipulação

A manipulação é o recurso que algumas pessoas têm para conquistar, conseguir que outros façam o que elas desejam, o que elas querem. Isso, sem dúvida, pode ocorrer no processo de aconselhamento, quando o aconselhando tem solicitações, atitudes, comportamentos que demonstram estar no controle, até mesmo do conselheiro. Quando isso acontece todo o trabalho fica comprometido.

Por isso, é importante que o conselheiro aprenda a identificar essa manipulação, haja vista que, somente assim, poderá confrontar tal prática, ajudando o aconselhando a encontrar formas mais saudáveis e equilibradas de relacionamento. Essa identificação e, posterior confronto precisa ser feito e a maneira de fazê-lo, segundo orienta Collins (2012, p. 33):

> Pode ser uma boa ideia perguntar sempre: “Será que estou sendo manipulado?” “Será que estou indo além das minhas responsabilidades?” “O que é que este aconselhando realmente deseja?” Às vezes, as pessoas pedem ajuda para resolver um problema, mas o que elas realmente querem é o seu tempo e atenção, sua sanção a um comportamento pecaminoso ou danoso, ou o seu apoio como aliado num conflito familiar. Às vezes, as pessoas procuram um conselheiro porque esperam que seus cônjuges, familiares ou patrões parem de reclamar de seu comportamento se pensarem que elas estão recebendo ajuda. Se você suspeitar desse tipo de desonestidade ou manipulação, é conveniente tocar no assunto com o aconselhando, esperar que ele discorde e, então, estruturar o aconselhamento de modo a evitar a ser manipulado ou explorado no futuro.

Conforme se observa, o conselheiro precisa identificar a manipulação e tomar medidas para ela seja cortada da relação de ajuda. Se isso não ocorrer, poderá se ver o conselheiro fazendo coisas que estão para além de sua alçada ou responsabilidade. É preferível parar, avaliar e, identificada a manipulação, confrontar a ser levado a agir de forma comprometedora, satisfazendo os desejos do aconselhando. Agir com sabedoria é sempre fundamental.

3.1.2 Contratransferência

Collins (2012) aponta a contratransferência como um elemento psicológico que ocorre no nível do inconsciente. Na realidade, este termo foi desenvolvido por Sigmund Freud (1856 – 1939), médico neurologista, reconhecido como o Pai da Psicanálise. A contratransferência ocorre quando o conselheiro traz elementos de sua história, com suas carências afetivas para o espaço terapêutico, que é o local ou o momento destinado ao tratamento do aconselhando.

Se o conselheiro busca resolver suas demandas e problemas, durante a relação com o aconselhando, certamente, este deixará de receber o suporte necessário para lidar com os seus problemas, aqueles que foram trazidos, justamente, para que o conselheiro possa ajudar a pensar sobre, a ouvir com atenção, refletindo sobre os possíveis caminhos para a mudança.

Para que entendamos como isso ocorre, na prática, recorremos aos exemplos trazidos por Collins (2012, p. 33):

> Suponha, por exemplo, que você sinta um forte impulso sexual ou romântico em relação a alguém que esteja aconselhando, ou que sinta vontade de ficar perto dessa pessoa e protegê-la, que tenha fantasias com ela entre as sessões, que fique procurando um jeito de evitar os clientes que lhe parecem desagradáveis, mas faça sessões mais longas com outros, que sinta necessidade de amor ou aprovação de um dos seus aconselhandos, ou ainda que se sinta tão íntimo de um deles a ponto de não conseguir mais discernir entre seus próprios sentimentos e os de seu cliente. Estes podem ser indícios de que suas próprias carências estão interferindo em seu trabalho.

Os exemplos trazidos por Collins ajudam na compreensão da atuação da contratransferência, que precisa ser identificada e analisada pelo conselheiro, afinal, caso contrário, comprometerá a eficácia do seu trabalho. Uma das maneiras de lidar com isso é buscar ajuda com outro conselheiro. Sim, quando o conselheiro busca a ajuda do seu par, reflete em si atitude lúcida, inteligente e perspicaz.

Outrossim, convém ressaltar que, na relação eclesiástica, o aconselhando não recebe o nome de cliente, nem o processo é chamado de terapia, todavia, embora as nomenclaturas sejam diferentes, a situação é a mesma, ressalvando, evidentemente, as especificidades de cada área.

3.1.3 Resistência

A resistência ocorre quando o aconselhando percebe que as respostas ou soluções que tanto procura, não chegam com tanta facilidade e/ou rapidez. Há situações que demandam tempo e investimento, preço que nem todos querem pagar. Outrossim, é comum perceber que determinados sofrimentos são verdadeiras muletas para algumas pessoas, compensando manterem-se naquele estado porque, quando estão nele, de alguma forma, recebem atenção das pessoas, carinho, proteção, compreensão, têm suas responsabilidades e trabalhos amenizados ou, quem sabe, minimizados, dentre outros. Se o processo de aconselhamento começa a interferir nestas estruturas, a fim de eliminá-las, o aconselhando reage, resistindo às ações implementadas no tratamento.

Há ainda, alguns elementos que denotam, claramente, a resistência. Collins (2012) afirma que há aconselhandos que chegam a atingir ou a atacar a competência do conselheiro. Elas chegam a dizer que para si não há solução e, ao mesmo tempo, pontuam que o conselheiro não é tão capaz ou tão bom assim para lidar com elas. Por estarem com suas defesas psicológicas armadas, costumam agir na ansiedade e na raiva, deixando de cooperar com o processo. Acontece a verdadeira autossabotagem do tratamento e é importante sinalizar que, não raras vezes, essas manifestações são inconscientes.

A melhor maneira de lidar com a resistência é, primeiramente, reconhecendo-a e, tendo clareza em lidar com ela, conforme sinaliza Collins (2012, p. 24):

> Contudo, quando os aconselhandos são bem ajustados, a resistência pode ser discutida com brandura e

> clareza. Faça o aconselhando perceber que, em última análise, o responsável pelo sucesso ou fracasso do processo é ele mesmo, e não o conselheiro. O profissional fornece uma relação estruturada, evita ficar na defensiva e precisa reconhecer que sua eficiência como conselheiro (e como pessoa) não está sempre relacionada com a rapidez com que seus aconselhandos melhoram.

É fato que, quanto maior for a segurança do conselheiro em relação a si e ao seu trabalho, melhor preparado estará para lidar com a resistência apresentada pelo aconselhando. Da mesma maneira, quando ele é consciente de que não tem varinha mágica em suas mãos e que todo tratamento demanda tempo para que se perceba melhora ou mudança, conseguirá desempenhar seu trabalho, sem cobranças externas ou internas, autocobranças que podem surgir em situações em que a resistência está presente.

3.2 Lidando com o Estresse

A palavra estresse é oriunda do inglês "stress". A Física se apropriou deste termo, primariamente, para explicar o quanto um material poderia ser comprometido mediante o excesso de tensão colocado sobre ele. Foi o médico Hans Selye quem adaptou este termo à realidade humana, apontando para um quadro de pressão e adaptação de um organismo no enfrentamento da situação estressora.

Para Selye o estresse é importante para a vida e pode ser dividido em eutresse e distresse. No eutresse, a experiência é boa, positiva. O eutresse pode ser vivenciado quando se consegue uma casa ou um novo carro, quando uma promoção no trabalho chega, dentre tantas outras coisas boas que acontecem ao ser humano. Esse é, portanto, o estresse positivo.

Por outro lado, no distresse alojam-se as experiências negativas e danosas vivenciadas pelo ser humano. Costumam fazer parte do distresse ou estresse negativo, as experiências que causam tristeza, depressão, sentimento de perda ou fracasso, doenças físicas, dentre outros.

De acordo com Hans Selye, citado por Lopes (2017) o estresse se manifesta em três níveis: fase de alarme, fase de resistência, intermediária ou estresse e, a terceira fase, a de exaustão ou esgotamento. Importante compreender como se apresentam essas três fases no organismo humano.

Na fase de alerta, há percepção sobre algo que representa ameaça ou perigo iminente. Frente a isso, o organismo busca se proteger de possíveis situações ou ataques que estão por vir. As respostas fisiológicas comuns deste momento são: taquicardia (aceleração do coração), pupila dilatada, sensação de boca seca, alteração na respiração, pés e mãos frias, dentre outros.

Em seguida, na fase de resistência observa-se que a tensão é acumulada. Como explica Lopes (2017, p. 134): "O organismo começa a adaptar suas reações e seu metabolismo para suportar uma carga contínua de estresse". As reações fisiológicas mais comuns deste período são: perdas ou lapsos na memória, portanto, a pessoa esquece ou, ao menos, não consegue acessar determinado conteúdo quando precisa; fragilização do sistema imunológico, que favorece o surgimento de doenças ou infecções, cansaço, dentre outros. Importante observar que o estresse pode ser refletido em alguma parte específica do corpo, como por exemplo, coluna, aparelho digestivo, cardíaco, pele, além do que pode afetar o desempenho em relação às atividades sexuais.

Por fim, na fase da exaustão, o organismo chega ao seu limite, a ponto de esgotar-se por completo. Lopes (2017) compara esse momento ao elástico que, após ser esticado por diversas vezes, perde completamente a sua elasticidade. Nesta fase, lesões mais graves podem surgir, como a psoríase, herpes, problemas cardiovasculares, renal, dentre outros e, é comum que a pessoa desenvolva dificuldades para dormir, dificuldades de concentração, perda ou lapsos de memória, tenha pesadelos, muito sono, irritação constante, dentre outros distúrbios, que incluem o sexual, por exemplo.

Como se observa, o estresse não pode ser levado na brincadeira pois causa muitos males ao ser humano. São vários os elementos que podem desencadeá-lo, tais como: relacionamentos, excesso de trabalho, excesso de atividades, trânsito, doenças, perdas de trabalho, perdas de pessoas significativas etc. É importante reiterar que: "a forma como lidamos e a maneira como reagimos aos acontecimentos da vida são fatores preponderantes no desencadeamento do estresse" (LOPES, 2017, p. 135).

Há algumas orientações que, se seguidas, podem ajudar a pessoa a prevenir o estresse: dormir e alimentar-se bem, fazer atividades físicas, evitar ambientes tumultuados, ler bons livros e ouvir boas músicas. Além disso, é essencial que planeje o dia, a rotina, tire férias, passeie, distraia-se, dentre outros fatores.

Diante de tudo o que fora exposto, o conselheiro precisa estar consciente dos riscos do estresse. O fato de lidar com muitas demandas alheias, problemas, conflitos e dores, podem trazer desgaste para si. Daí a importância do autocuidado, observando sempre os limites que lhes são próprios. A consciência de que ninguém está livre de passar por esta situação, deve gerar o sentimento de cautela, a fim de que não se enverede por este caminho.

Dentre as recomendações aqui apresentadas para o enfrentamento ou, à evitação do estresse, convém refletir sobre as orientações propostas por Collins (2012) que são: força espiritual, apoio de outras pessoas, avaliação periódica das motivações, períodos de descanso, aproveitar oportunidades de aperfeiçoamento e formar equipes.

Por força espiritual, o autor salienta a importância da oração e da meditação nas Escrituras Sagradas. Isso deve ocorrer por períodos longos, logo, não deve ser superficial. Lopes (2017, p. 139) corrobora, afirmando que: "A oração é capaz de mudar nosso estado emocional". A oração nos conecta ao Criador e, quando falamos com Ele, depositamos nossos anseios e necessidades, na certeza de que Ele nos ouve e nos atende. As Escrituras são fonte de renovo, fé e esperança. Ela norteia as nossas atitudes e ações de maneira correta, que agrada a Deus e traz saúde para os ossos.

Em segundo lugar, é necessário que o conselheiro tenha perto de si, pessoas que o amem, independentemente das coisas que ele faça. Essas pessoas, além de amá-lo, devem ser acolhedoras, compreensivas, dispostas a estender as mãos e oferecer os ouvidos e os ombros, quando ele precisar chorar e desabafar, sem o temor de que suas necessidades serão expostas a outros.

Em terceiro lugar, é essencial que o conselheiro sempre pese suas reais motivações. O que o leva a exercer esse ministério e cumprir essa função? Collins (2012, p. 39,40) reitera que: "é necessário fazer uma avaliação periódica de nossas motivações para o sucesso. Devemos nos lembrar que nosso valor pessoal vem de Deus, e não de nossos sucessos e realizações".

Em quarto lugar, descansar. Os períodos de descanso, sem compromissos e agendas é fundamental, para que se possa relaxar e distrair das inúmeras ocupações do cotidiano. Sem o descanso merecido, mais cedo ou mais tarde, nosso organismo sentirá os reflexos da não observância deste fator primordial à existência. O ser humano não é uma máquina, logo, precisa descansar e repor suas energias. Na verdade, até mesmo as máquinas, se não param para a manutenção, mais cedo ou mais tarde, sofrerão o impacto pelo tempo de uso e pararão. Sem a manutenção, o tempo útil de sua vida poderá ser reduzido.

A metáfora da máquina se aplica àqueles que não respeitam os próprios limites, antes, passam dias, noites, meses e anos, a fio, sem pausar para o descanso e, o que é triste, não raras vezes, utilizam-se de versículos bíblicos isolados para justificar a não necessidade do descanso. Espiritualizar aquilo que é humano e que, portanto, deve ser encarado como tal, sempre redunda em prejuízos funestos para a vida da pessoa, em primeiro lugar, e, em seguida, da família, da Igreja, do trabalho e por aí vai.

Em quinto lugar, o conselheiro deve estudar, fazer cursos, se especializar, estudar sobre como gerenciar conflitos e desenvolver a habilidade de falar não. Esses fatores contribuem para o crescimento do conselheiro e o maduram para que fique bem, inclusive, quando precisar fazer uma devolutiva negativa a alguém.

Por fim, em sexto lugar, o conselheiro deve dividir a sua carga com pessoas que possam, de fato, ajudá-lo, que tenham capacidade para tal. É possível formar equipes, com pessoas sensatas e equilibradas, aptas no trabalho de suporte ao conselheiro. Sobre isso, Collins (2012, p. 40) afirma: "[...] podemos dividir a carga de trabalho formando uma equipe de conselheiros leigos e auxiliares. O líder da igreja ou conselheiro cristão que centraliza todo o trabalho de aconselhamento está no caminho da ineficiência e do estresse".

Se forem observadas todas as diretrizes apresentadas neste capítulo, o conselheiro terá melhor qualidade de vida e, com isso, conseguirá ser mais efetivo e produtivo na tarefa que Deus o chamou para fazer. A excelência deve ser a marca do cristão que trabalha para o seu Senhor e, para que essa excelência exista, faz-se necessário submeter-se à vontade de Deus e reconhecer os limites próprios da humanidade.

Questão para reflexão

Em sua opinião, os conselheiros costumam separar tempo para o autocuidado? Justifique a sua resposta.

CAPÍTULO 4

A Ética e a Sexualidade do Conselheiro

Um conselheiro precisa inspirar confiança. Esse é um ponto crucial para aquele que deseja exercer grandioso ministério. Você abriria o coração e confidenciaria algo para alguém que não sabe guardar sigilo? Certamente, não! Geralmente, pessoas dignas de confiança são procuradas, quando se trata de resolução de conflitos e problemas. Neste capítulo, serão abordados os aspectos voltados à ética e à sexualidade do conselheiro. Ambos os assuntos são essenciais àqueles que almejam labutar nesta importante empreitada.

4.1 O conselheiro e a ética

A ética é fundamental para o conselheiro, conforme fora comentado na introdução deste capítulo. A maneira como ele lida com aquilo que lhe é trazido será o termômetro do seu sucesso ou do seu fracasso na arte de aconselhar. Primeiramente, por ser um servo de Deus, toda a sua conduta e formas de ação são conduzidas pela Palavra de Deus, logo, o seu código de ética e padrão moral é sublime e perfeito. Sobre isto, Collins (2012, p. 39) comenta que:

> Em todas as decisões que envolvem a ética, o conselheiro cristão deve procurar honrar a Deus, agir de conformidade com os princípios bíblicos, e respeitar o bem-estar do aconselhando e de outras

> pessoas. Quando for necessário tomar uma decisão delicada, o conselheiro deve discutir o assunto confidencialmente com um ou dois conselheiros cristãos e/ou com um advogado, médico ou pastor que possa ajudá-lo a tomar a decisão certa. Muitas vezes, essas condutas podem ser feitas sem que a identidade do aconselhando precise ser revelada. Quando tiver que enfrentar uma situação dessas, o conselheiro deve reunir o maior número possível de dados concretos (inclusive o que a Bíblia ensina sobre o assunto), confiar na direção de Deus e, então, tomar uma decisão sensata, com base nas evidências disponíveis.

É possível observar algumas imprescindíveis recomendações. Primeiramente, a consciência de que se deve trabalhar para a glória de Deus e que, para que isso ocorra, o caminho é a obediência aos mandamentos, aos princípios contidos na Palavra. Segundo, o conselheiro precisa reconhecer que, em determinados casos, precisará buscar orientações com outros conselheiros e, até mesmo, com profissionais.

Esta clareza contribuirá para que seu trabalho seja efetivo. Evidentemente, não é necessário expor a pessoa em sofrimento para outros conselheiros, basta que o caso seja tratado. Quando o conselheiro reconhece que não sabe tudo, que não tem todas as respostas, terá a humildade suficiente para recorrer a quem possa ajudá-lo. Isso trará maturidade ao seu ministério e o aconselhando será bem assessorado em suas demandas.

4.2 O sigilo

Você conhece um conselheiro ético pela maneira discreta de suas ações, especialmente, em relação à vida alheia. Uma palavra-chave ligada à ética do conselheiro é o sigilo. Saber guardar para si, as informações confidenciais que lhes são trazidas. Sem a observância do sigilo, o fracasso será iminente e evidente.

Correia (2013, p. 95) explica que:

> Ser ético significa respeitar a individualidade, privacidade e sofrimento daqueles que procuram

> ajuda. Há várias formas do conselheiro demonstrar respeito pelo aconselhado, mas uma das principais – mas também uma das mais negligenciadas – é proteger a confidencialidade das pessoas que estamos atendendo através do sigilo.

A proteção da confidencialidade, conforme ressalta o autor, jamais pode ser quebrada, salvo situações extremas, que demandem uma postura diferente do conselheiro, em casos graves, como algo que represente a permanência da vida ou a iminência da morte, como em um suicídio, por exemplo. Jamais o conselheiro deverá liberar para sair diante de si alguém que está afirmando, categoricamente, que irá tirar a própria vida ou tirará a vida de outros.

Daí a importância de um vínculo bem estabelecido, pois, se isto ocorrer o aconselhando saberá que o sigilo será quebrado, não no sentido de exposição generalizada, mas, ficará a par de que pessoas próximas, como familiares, por exemplo, deverão tomar ciência do caso, a fim de que não sejam pegos de surpresa, mediante uma tragédia e, principalmente, possam amparar seu ente querido que está em desespero e sofrimento.

Ressalta-se que, em casos extremos, como o do suicídio, que implica na manutenção da vida, a primeira pessoa a ser informada sobre a queda do sigilo é o aconselhando. Sim, ele deverá estar ciente sobre a necessidade de compartilhar a situação com pessoas próximas, que possam servir-lhe de suporte. Se estiver em crise, o conselheiro não pode deixá-lo sair sozinho da sala de aconselhamento.

Aproveita-se o ensejo para explicar que o conselheiro não deve estar sozinho em um ambiente com uma pessoa que, por estar em crise, esteja tendo comportamentos agressivos, que podem gerar algum prejuízo, inclusive, à integridade física de ambos. Se o conselheiro observar que não é o momento para orientações, não deverá insistir, especialmente em um quadro onde o indivíduo deverá ser contido, inclusive, sendo levado ao hospital para que faça uso de medicações tranquilizantes. A prudência e sabedoria são essenciais nestes casos.

Salvo mediante situações severas, o sigilo deve sempre ser preservado. Na verdade, sob hipótese alguma, deve ser quebrado. Lopes (2017, p. 310) comenta que: "por mais simples que seja o assunto tratado, ele não deve ser compartilhado com mais ninguém. Nem com a esposa, por exemplo, nem com o melhor amigo e muito menos ser usado como exemplo numa pregação em um púlpito".

Os exemplos supracitados são amostras grátis sobre formas negativas utilizadas por alguns conselheiros que, na visão de Lopes (2017, p. 311): "são um desastre". Imagine, em uma pregação, você ver a sua história sendo contada, ainda que seu nome não seja citado? Como se sentiria? Imagine, o conselheiro aproveitando para falar coisas que, de repente, não lhes foram ditas? Você, no mínimo, ficará triste e não quererá mais abrir-se com tal pessoa.

Infelizmente, há ministros e conselheiros que se utilizam do altar para expor coisas que são comentadas, feridas que são abertas, dores profundas e pecados confessos, na sala de aconselhamento ou no gabinete pastoral. Para quem escuta e se identifica, a vergonha, a raiva e outros sentimentos vêm à tona, afinal, acreditou-se que tal conselheiro era uma pessoa, de fato, confiável. Essa pessoa poderá sentir-se traída e, conforme salienta Lopes (2017, p. 311): "uma pessoa que se sentir traída poderá decepcionar-se profundamente. Os prejuízos poderão ser incontáveis tanto para a vida dessa pessoa quanto para o ministério do conselheiro".

Isto pode ser percebido à luz da realidade! Quantos deixaram de frequentar a Igreja porque tiveram a confiança abalada? Quantos se afastaram porque souberam, por meio de terceiros, que suas histórias haviam sido contadas? Quando ouviram indiretas vindas do altar, sobre os desafios que estavam enfrentando? É bom lembrar que *"o irmão ofendido é mais difícil de conquistar do que uma cidade forte"* (Pv. 18.19).

Frente a essa realidade, Lopes (2017) aponta que, por conta da falta de sigilo, muitos cristãos acabam por buscar ajuda e orientação em outras Igrejas e ministérios, recorrendo a outros pastores que não são os seus. Isso deveria chamar à atenção de todos para que fiquem atentos à necessidade de rever conceitos no que tange à ética do conselheiro. Correia (2013, p. 95) ressalta que: "a postura ética do conselheiro dará ao processo a garantia de que o sigilo foi mantido biblicamente; essa é a regra". Por fim, Lopes (2017, p. 311) corrobora, narrando que:

> [...] não deixar vazar informações sigilosas sobre alguém que aconselha é de importância primordial na atuação de um profissional em qualquer área; quanto mais se exigirá de um líder, pastor ou conselheiro cristão que tem um compromisso diante de Deus e recebeu do Espírito Santo a sublime missão de confortar, ajudar, encorajar e orientar pessoas a enfrentarem melhor suas dificuldades, a encontrarem forças para pedir

> perdão e perdoar, amar o próximo e a si mesmo e, assim, resolver os problemas difíceis com base nos ensinamentos bíblicos.

Que este compromisso seja assumido por cada um que se propõe a ser canal de Deus para restauração de vidas quebradas pelas circunstâncias adversas que as envolveram. Que a confiança seja um pilar irremovível, que dê sustentação à ética e a postura adequadas por parte do conselheiro que atua para a glorificação do nome do Senhor Deus.

4.3 A sexualidade do conselheiro

A temática sexualidade, embora seja tabu em muitos lugares, precisa ser tratada, especialmente, quando se fala da relação que se estabelece entre conselheiro e aconselhando. Acerca disso, Collins (2012, p. 35) exclama dizendo que:

> sempre que duas pessoas trabalham em estreita cooperação para atingir um mesmo objetivo, surgem entre elas sentimentos de companheirismo e afeto. Quando suas origens e nível educacional são semelhantes e, quando são de sexos opostos, os sentimentos de afeição geralmente apresentam um componente sexual.

Essa compreensão é fundamental porque, de fato, não são raros os conselheiros que enfrentam ou, em algum momento, enfrentaram o desafio de lidar com a sexualidade, com o componente da atração entre si e a outra pessoa, até porque, situações que envolvem a vida íntima do aconselhando são expostas neste ambiente seguro, sendo que, estas mesmas situações não costumam ser faladas em outro lugar. Essa é uma abertura que existe para a colocação de temas tão íntimos, "principalmente entre um homem e uma mulher que não são casados um com o outro, e isto pode ser sexualmente excitante para ambos" (COLLINS, 2012, p. 35).

Segundo este autor, pode haver agravamento e imoralidade quando a pessoa que busca ajuda é de boa aparência ou age com sedução, quando suas necessidades sexuais não estão sendo atendidas na relação, quando o aconselhando demonstra que precisa estar, falar ou se relacionar com o conselheiro, para além daquilo que é esperado e quando o assunto no processo de aconselhamento fica acalorado, tornando-se excitante.

É sempre bom lembrar que há vários homens e mulheres de Deus que se propuseram a militar nesta área e cederam às tentações da carne, cometendo pecado, caindo em práticas sexuais que acabaram por manchar significativa e, até mesmo, definitivamente, os seus ministérios. Portanto, ainda que a atração possa ocorrer no conselheiro, mediante à constatação da própria humanidade, é, de todo necessário, desenvolver o autocontrole, assumindo medidas drásticas, a fim de que não caia neste laço.

Collins (2012) sinaliza cinco aspectos que precisam ser observados criteriosamente, para que o conselheiro vença aos desejos e incitações à sexualidade: proteção espiritual; reconhecimento dos sinais de alerta; imposição de limites, disposição mental e proteção de um grupo de apoio. Vejamos as orientações propostas por cada um desses aspectos:

4.3.1 Proteção espiritual

É imprescindível que o conselheiro esteja protegido espiritualmente para lidar com as questões e problemas alheios. No tocante à sexualidade, essa proteção deve ser priorizada, por meio da oração e da meditação nas Escrituras. O auxílio do Espírito Santo não pode ser negligenciado, porque Ele traz discernimento, sabedoria e oferece escape. Sem dúvida, o pensamento deve ser vigiado, para que não trilhe por caminhos que deem margem à fantasia e aos desejos.

Outrossim, é importante reconhecer a humanidade e não alimentar a falsa crença de superioridade, de ser um super-homem ou uma supermulher. Aqueles que assim pensam, acreditam estar acima dos desejos ou creem que conseguem lidar com eles de forma tranquila, sem o risco de iminente queda ou fracasso. Sobre isso, Collins (2012, p. 35) afirma:

> Finalmente, cuidado para não cair na perigosa armadilha de pensar "isso só acontece com os outros; comigo não!" Esse é o tipo de orgulho que deixa qualquer um de nós particularmente vulnerável à tentação. Pensar desse jeito é ignorar o alerta da Bíblia: aquele que está em pé, veja que não caia.

A proteção espiritual será a força sobrenatural que ajudará o conselheiro a ter manejo na tratativa que envolve a sexualidade. É por meio da intimidade com Deus, através da oração, dos pensamentos cativos à Palavra de Cristo e da sensibilidade à voz do Espírito Santo, que ele conseguirá perceber as amarras ou armadilhas que estão querendo prendê-lo, desvencilhando-se delas, pelo poder do nome de Jesus Cristo.

4.3.2 Reconhecimento dos sinais de alerta

Collins (2012) demonstra que há sinais internos e externos que servem de alerta ao conselheiro, no tocante a um possível despertamento incomum para a relação com o aconselhando, no que diz respeito à sexualidade. Os sinais externos são: aumento da dependência, as demonstrações de apreço e elogios, queixas de solidão, presentes, contato físico e outros componentes sedutores.

Quando o aconselhando deseja marcar mais encontros ou sessões com o conselheiro, quando deseja prolongar o tempo do aconselhamento, há de se atentar para o aumento da dependência. Se os elogios para o conselheiro começam a ocorrer com maior frequência, sinal de que as demonstrações de afeto e elogios estão dando sinais de alerta. Presentes, especialmente, ocorrendo com frequência, "geralmente indicam um crescente envolvimento emocional e podem gerar, sutilmente, um senso de obrigação" (COLLINS, 2012, p. 36).

Os contatos físicos são comuns, por exemplo, quando conselheiro e aconselhando se cumprimentam, na entrada e na saída do processo, quando, dependendo da situação, como uma perda, por exemplo, o conselheiro abraça o aconselhando, no intuito de demonstrar empatia e acolhida etc. Porém, se há uma percepção de que tem havido aumento de contato físico e, algumas vezes, esse contato é prolongado, certamente, algo precisa ser revisto com urgência. Toques e caricias podem estimular o desejo, que poderá levar à queda de ambos. O mal deve ser cortado pela raiz!

Por fim, o conselheiro precisa observar outros fatores, como por exemplo, gestos, sinais corporais emitidos pelo aconselhando, vestimentas, perfumes, o olhar etc. Uma pessoa que precisa de ajuda, necessitando ser aconselhada e vai com roupa extravagante, querendo prender a atenção do conselheiro, pode estar com segundas intenções!

Mas, é importante considerar que há o lado do conselheiro também. Ele também pode emitir sinais iguais ou semelhantes. Collins (2012, p. 36) sinaliza esses sinais, vindos do conselheiro:

> Pensar no aconselhando entre uma sessão e outra e admirar sua personalidade. Fazer comparações entre seu cônjuge e o aconselhando, esquecendo-se que este último é uma pessoa que entrou recentemente em sua vida, é novidade, não exige nada e, provavelmente, está encantada com o seu conselheiro. Procurar oportunidades para encontrar-se com o aconselhando em reuniões sociais, ou aumentar a duração das sessões. Ter fantasias sexuais com o aconselhando. Sentir vontade de discutir seus problemas pessoais com o aconselhando, porque o considera uma pessoa sensível e carinhosa. O perigo disso tudo aumenta bastante se o casamento do conselheiro estiver em crise.

Diante do exposto, todo cuidado é pouco! A vigilância será o diferencial na vida do conselheiro, para que não ceda à tentação e peque. Para que isso aconteça, é importante seguir à risca as orientações seguintes.

4.3.3 Imposição de Limites

O conselheiro precisa desenvolver a arte de colocar limites. Colocar limites é saber o seu espaço e o espaço do outro, até onde pode e deve ir, em que momento deve recuar. É como se todos nós tivéssemos uma cerca de proteção e, cada vez que ultrapassamos a marcação fronteiriça dessa cerca, rompemos os limites e sofremos as consequências.

É preciso ser pontual com relação aos horários de atendimentos, sem diminuir o tempo, nem o aumentar. Evidentemente, mediante uma situação extrema pode ser que o conselheiro precise ficar um tempo maior com o aconselhando, porém, isso é uma exceção e não regra. Acontece mediante algo extraordinário, e não rotineiro. No telefone, se necessário, somente o necessário. Cuidado com intimidades e contatos visuais e físicos. Os olhos humanos têm poder de comunicação e, por eles, é possível identificar segundas intenções.

O local para o atendimento precisa ser propício e longe de qualquer suspeita. Se o conselheiro vai para um local comprometedor um sinal está sendo emitido. Da mesma forma, se o aconselhando o convida para sair, para retirar-se, indo para lugares não convenientes para o servo ou serva do Senhor, de pronto recuse, diga: não!

O horário do atendimento também é um elemento que deve ser

observado. Salvo situações de emergência, que podem requerer a presença do conselheiro em horários não próprios, como tarde da noite, por exemplo, é aconselhável que as sessões ou encontros sejam marcados em horários em que a vida segue seu curso, ou seja, as pessoas estão trabalhando, estudando, em suas casas, etc. Se um conselheiro chega em horários comprometedores para realizar atendimentos, sua imagem e a imagem do aconselhando podem ficar desgastadas. Evidentemente, se há necessidade de aconselhamento de casal, por exemplo, e o conselheiro não estará só, antes, estará com o homem e a mulher juntos, isso pode ser amenizado, todavia, ainda assim, toda prudência é bem-vinda.

4.3.4 Disposição mental

Embora os impulsos sexuais seja uma realidade posta ao ser humano, é bom lembrar que ceder a eles trará consequências danosas para a vida do conselheiro. Collins (2012) apresenta as consequências sociais, haja vista que a reputação e os relacionamentos do conselheiro ficam maculados. Se ele for casado, certamente, a relação ficará comprometida, por exemplo.

Depois, reitera as questões profissionais, quando diz que: "ter intimidades sexuais com os aconselhandos não ajuda os que já têm problemas e não melhora em nada nossa imagem profissional. Lembre-se de que você é um conselheiro profissional; procure também ser maduro" (COLLINS, 2012, p. 37).

Por fim, destaca-se o fator teológico, quando se tem a convicção, à luz das Escrituras, de que toda prática sexual que foge ao padrão do casamento constitui-se pecado diante de Deus. Na medida em que o conselheiro deixa os muros baixos torna-se frágil e pode ceder à tentação. Lida-se, diariamente, com a carne, essa natureza humana pecaminosa, tendenciosa aos prazeres e vícios.

Sendo assim, muito mais prudente é cuidar-se, se distanciar do mal, manter os muros elevados, altos e, não achar justificativas para o pecado, culpando, por exemplo, o diabo. Segundo o autor supracitado: "circunstâncias atuais, ou influências do passado, podem nos tornar mais vulneráveis à tentação, mas não eliminam nossa responsabilidade pessoal. Cada um de nós responde pelo seu próprio comportamento" (p. 37).

4.3.5 Proteção de um grupo de apoio

Quando o conselheiro se vê diante da realidade da atração ou do apelo à sexualidade, é importante que ele busque ajuda. Da mesma forma como oferece suporte a outros, é salutar que reconheça suas fragilidades, buscando apoio para vencê-las. Inicialmente, é necessário reconhecer que esse problema está presente. A negação sempre será pior, portanto, admitir é o melhor caminho.

Posteriormente, recorra a pessoas de confiança, de repente, outros conselheiros que possam ajudar a atravessar essa fase. Eles, certamente, com discrição, terão condições de ajudar a olhar de forma realista para a situação. Além disso, orienta-se que o conselheiro:

> Evite toda forma de flerte e considere a possibilidade de encaminhar a pessoa para outro conselheiro, se perceber alguns desses sinais: ansiedade durante as sessões, falta de concentração, fantasias sexuais, medo de desagradar o aconselhando, preocupação com pensamentos e fantasias entre uma sessão e outra, desejo de que a próxima sessão chegue logo para poder rever o aconselhando, acompanhado de temor de que seja cancelada, ou de que o aconselhamento termine (COLLINS, 2012, p. 38)

Reitera-se que todo cuidado é pouco! É de todo urgente cuidar para que não caia, para que não ceda à tentação. É glorioso quando o conselheiro termina sua carreira de forma digna, honrada, sem mancha, sem ter se perdido ao longo do caminho, mas, é triste quando alguns se perdem, atendendo aos desejos carnais e, por conta disso, têm suas carreiras arruinadas, suas vestes sujas, com seus nomes lançados na lama. Que Deus proteja os conselheiros deste mal e que eles estejam conscientes da responsabilidade que têm diante de si.

Por fim, sigilo, ética e sexualidade, assuntos que não podem, jamais, fugir da memória do conselheiro. Quando observados, geram honradez para o caráter e, acima de tudo, enobrecem e engrandecem o nome do Deus Todo Poderoso. Que este conteúdo permaneça vivo e presente na mente e no coração dos conselheiros.

Questão para reflexão

Em sua opinião, por que é importante que o conselheiro saiba guardar sigilo das informações? E, se ele o quebrar, quais podem ser as consequências de terrível ato? Justifique a resposta.

CAPÍTULO 5

Objetivos e Técnicas do Aconselhamento

Todo processo de aconselhamento precisa ter um objetivo. Um objetivo é um alvo, uma meta, onde se deseja chegar com o aconselhando. Se não há objetivos, pode ocorrer de o conselheiro ficar sem rumo, sem direção e, consequentemente, levar o tratamento para todo e qualquer lado. Da mesma forma, há técnicas que são úteis no manejo com o aconselhando, a fim de se alcance, justamente, o objetivo. Neste capítulo, serão apresentados os objetivos e as técnicas do aconselhamento, a fim de que haja primor na realização deste importante trabalho.

5.1 Objetivos do Aconselhamento

Como fora identificado ao longo desta disciplina, as pessoas buscam ajuda pelos diversos fatores ou problemas que envolvem suas vidas. Há os que têm crises pessoais, há aqueles que têm problemas relacionais, como por exemplo, no casamento, na família ou no trabalho, há os que sofrem de transtornos psicológicos, tais como, depressão, ansiedade, dentre outros. Fato é que o conselheiro precisa cercar-se de conhecimentos e estratégias que ajudem a pessoa a lidar com suas questões.

Para tanto, é necessário que o aconselhando tenha clareza sobre a importância do processo de aconselhamento, embora muitos não consigam compreender toda a complexidade dele e, na contrapartida, os conselheiros também devem perceber a amplitude do seu trabalho, pois, desta forma, os resultados serão melhores e benéficos.

Segundo Collins (2012, p. 45) "as metas específicas dependem fortemente do problema do aconselhando, mas existem alguns elementos que, provavelmente, aparecem em todas as listas". Para o autor, esses elementos são: autoconhecimento, comunicação, aprendizado e mudança de comportamento, autorrealização, apoio e integridade espiritual. Observe o que cada elemento citado traz consigo:

5.1.1 Autoconhecimento

Como é importante que uma pessoa se conheça! Ela carrega consigo um conjunto de ideias, de padrões de pensamento e crenças que estão ligados à sua história de vida. Algumas dessas crenças acabam por ser disfuncionais, quando trazem concepções adoecidas, que não refletem a realidade, mas interferem nela trazendo desconforto psicológico, dentre outras consequências. Collins (2012, p. 45) afirma, por exemplo, que "há pessoas que chegam dizendo 'ninguém gosta de mim' e não conseguem ver que esse tipo de reclamação incomoda os outros de tal forma que acaba se tornando uma das maiores razões pata a rejeição".

Na verdade, aquilo que a pessoa tanto enfatiza acaba por tornar-se uma realidade dolorosa, afetando as pessoas que estão à sua volta. Na medida em que o autoconhecimento vai chegando, o indivíduo vai se libertando de amarras que estão em sua mente que prejudicam o seu funcionamento no cotidiano.

O conselheiro deve ser um facilitador do autoconhecimento. Ele deve ajudar o aconselhando a perceber-se, a identificar suas fragilidades e suas potencialidades, a reconhecer as distorções de sua mente, por meio de pensamentos e crenças disfuncionais, ou seja, pensamentos e crenças que não estão exercendo a função correta e, na medida em que isso ocorre, a transformação vai acontecendo, gerando frutos benéficos para a pessoa.

5.1.2 Comunicação

Saber comunicar-se é fundamental para que não haja ruídos nas relações. Muitas pessoas vivem em pé de guerra com o cônjuge, com colegas de trabalho, na escola e nas relações familiares porque apresentam dificuldades em serem assertivos, a falarem na hora correta, de maneira correta.

É notório que uma palavra mal colocada pode gerar transtornos para as relações e, portanto, é sempre bom lembrar de alguns princípios contidos na Palavra de Deus, como por exemplo: *"A morte e a vida estão no poder da língua; o que bem a utiliza come do seu fruto"* (Pv. 18.21), como também: *"Como maçãs de ouro em salvas de prata, assim é a palavra dita a seu tempo"* (Pv. 25.11).

Se o conselheiro está convicto de que o aconselhando apresenta dificuldades de assertividade na comunicação, deve, então, ajudá-lo a ser melhor neste aspecto, afinal: "O aconselhando deve ser estimulado a expor seus sentimentos, pensamentos e emoções de maneira clara e precisa. Esse tipo de comunicação exige que a pessoa aprenda a se expressar com clareza e a interpretar corretamente as mensagens transmitidas pelos outros" (COLLINS, 2012, p. 45).

5.1.3 Aprendizado e Mudança de Comportamento

Observe os teus comportamentos? Quando eles nasceram? Em que momento você passou a se comportar da maneira como age hoje? Alguns, pode ser que se recorde, outros, não. Na verdade, comportamentos são aprendidos e, muitos deles, acompanham você desde a mais tenra idade. É na infância que as bases para a vida são lançadas sendo que, nessas bases, apresentam-se, também, as questões comportamentais.

A questão é que as pessoas nem sempre se dão conta de que alguns de seus comportamentos são mais prejudiciais do que benéficos, ou seja, determinadas ações atrapalham o seu funcionamento pessoal e prejudicam, consideravelmente, as relações sociais. Por isso, o trabalho do aconselhamento é fundamental e pedagógico, pois ajuda essas pessoas a encontrarem formas mais adaptativas de enfrentamento da realidade.

Acerca disso, Collins (2012, p. 45) afirma que:

> O aconselhamento, portanto, inclui ajudar o aconselhando a desaprender comportamentos nocivos, substituindo-os por outras formas de ação mais produtivas. Esse tipo de aprendizado ocorre através do ensino, da imitação de um modelo, que pode ser o próprio conselheiro ou outra pessoa, e da experiência prática baseada na tentativa e erro. Em alguns casos, é necessário analisar também qual foi o motivo desse fracasso, para que o aconselhando possa corrigir o erro e tentar de novo.

Quando o aconselhando se apropria dessas informações e vai alterando suas formas de comportamento, não apenas calcadas no estereótipo externo, nas ações externas, mas por meio da mudança do padrão de pensamentos disfuncionais, a qualidade de vida altera significativamente. Hábitos ruins vão cedendo espaço para padrões mais saudáveis, fazendo com que tudo fique diferente ao redor e no interior do indivíduo.

5.1.4 Autorrealização

As pessoas precisam reconhecer o potencial que têm e o trabalho do conselheiro implica, também, em ser um agente de suporte para que descubram e consigam colocar em prática, todas as potencialidades que elas apresentam. Isso é autorrealização. Na verdade, esse desejo de autorrealizar-se está contido em todo ser humano. Todos querem, de alguma maneira, descobrir quem são e no que são bons, no que são capazes de florescer abundantemente e frutificar.

No caso do aconselhamento cristão ou pastoral, o indivíduo é estimulado a pensar sobre si, a descobrir suas potencialidades, segundo a mente de Cristo, segundo os ditames da Palavra de Deus. Ele passa a se enxergar de acordo com a ótica divina, ou seja, como Deus o vê e, mediante a percepção daquilo que ele é em Deus, pode chegar à verdadeira e plena autorrealização.

5.1.5 Apoio

Apesar da pessoa conseguir atingir seus objetivos, as mudanças propostas, é esperado que recaídas ocorram, especialmente, em momentos de fragilidade, crises ou estresse. Por isso, a rede de apoio para a superação é fundamental. O conselheiro deve ser um agente de esperança, com palavras de fé, de motivação e de coragem, a fim de que o indivíduo, tão logo, se reerga. A Palavra de Deus, a oração e palavras de incentivo são poderosos recursos nesta hora onde o desânimo e o sentimento de retrocesso ou de que perdeu tudo o que se tinha adquirido dominam o coração.

5.1.6 Integridade Espiritual

O conselheiro precisa compreender o impacto que a dimensão da fé, a dimensão religiosa, ocupa na vida do ser humano. Evidentemente, há aqueles que se utilizam da religiosidade para esconder seus reais sentimentos e emoções, no entanto, o olhar espiritual genuíno deve acompanhar o processo de aconselhamento. Deus não pode ficar do lado de fora da sala onde o aconselhamento acontece.

De acordo com o pensamento de Collins (2012, p. 46):

> O conselheiro cristão, portanto, tem um papel de líder espiritual que orienta o crescimento do aconselhando, ajuda-o a enfrentar conflitos de natureza espiritual e o torna capaz de descobrir crenças e valores significativos. Em vez de tentar estabelecer um diálogo com o aconselhando, o cristão se esforça para manter um "triálogo" que envolva a presença de Deus no centro do processo de aconselhamento realmente eficiente.

O conselheiro e o aconselhando crescem na relação de ajuda, ambos, quando saem do processo, saem transformados, diferentes. Sem dúvida, a presença de Deus e o direcionamento do Espírito são fatores que promovem crescimento e maturidade, sendo que esta maturidade abarca a vida psicológica e a vida espiritual. Essa interligação causará efeito direto nas emoções, nos sentimentos e, consequentemente, nos comportamentos.

5.2 Técnicas de Aconselhamento

Antes de se pensar nas técnicas propriamente ditas, é sempre recomendável considerar a importância da relação que se estabelece entre conselheiro e aconselhando. O conselheiro precisa estar disposto a caminhar junto com seu aconselhando, demonstrando respeito ao que ele tem a dizer, não se posicionando como juiz e sim, sendo aquele que acolhe, que demonstra afeto e atenção sincera.

A sinceridade deve fazer parte de todo o processo. A sinceridade nas palavras, sinceridade nas ações, sinceridade no confronto, enfim, a sinceridade é um dos pilares de sustentação da confiança. Ninguém quer estar perto de alguém que não é sincero, quanto mais para abrir aspectos melindrosos de sua vida, porém, ninguém também quer estar diante de alguém que é tão sincero, mas desprovido da sinceridade sadia, que significa abertura e honestidade.

Há pessoas que se consideram sinceras, verdadeiras, porém, são ácidas, negativas, não conseguem acolher e sempre se colocam na posição de defensoras da verdade a qualquer custo, sem a dosagem que convém, por exemplo, ao conselheiro cristão. Quem age desta maneira, geralmente, carrega dentro de si o orgulho e a altivez, logo, a arrogância se manifesta, travestida de sinceridade. É preciso ter cautela quanto a isso.

Agora, sem dúvida, é impossível ser conselheiro sem desenvolver a empatia. A empatia é a capacidade psicológica de se colocar no lugar do outro, sentindo como se estivesse na pele da outra pessoa. Sem a empatia, fica muito difícil compreender e agir com compaixão para com aquele que está em sofrimento. Collins (2012, p. 47) comenta que:

> O que o conselheiro pensa? Como ele se sente, realmente? Quais são seus valores, crenças, conflitos íntimos e feridas da alma? O bom conselheiro está sempre sensível a essas questões, é capaz de compreendê-las e usa suas palavras e gestos de forma a fazer com que o aconselhando perceba isso. Empatia é exatamente essa capacidade de "sentir o mesmo" que o aconselhando. É possível ajudar as pessoas mesmo sem compreendê-las inteiramente, mas o conselheiro que consegue transmitir empatia (principalmente no início do processo terapêutico) tem maiores chances de sucesso.

Pesquisas mostram que pessoas em sofrimento apresentam melhoras significativas quando encontram pessoas empáticas, sinceras e que verdadeiramente demonstram afeto e calor humano. Esses ingredientes fazem toda a diferença na relação e é salutar abordá-los antes de, propriamente dito, tratar das técnicas do aconselhamento.

Collins (2012) apresenta cinco técnicas importantes, que são: dar atenção, ouvir, responder, ensinar e filtrar. Cada uma dessas técnicas, quando observadas, costumam trazer excelentes resultados no processo de aconselhamento. Analise cada uma delas, a partir das orientações trazidas por este autor.

5.2.1 Dar atenção

É extremamente importante que o conselheiro demonstre que está atento, integralmente, ao que o aconselhando está dizendo ou trazendo para o encontro de aconselhamento. Essa atenção diz respeito ao olhar, postura relaxada e gestos naturais. O aconselhando percebe quando o conselheiro não está ali com ele, embora, obviamente, esteja fisicamente, mas, a mente ou os pensamentos estão longe, em outro local.

Collins (2012, p. 48) recomenda que "quando você estiver conduzindo uma sessão de aconselhamento, é importante reconhecer que seu cansaço, impaciência, preocupação com outros assuntos, distração ou inquietação podem desviar sua atenção do paciente". Com base nisso, é preciso que o conselheiro identifique como, de fato está e, com isso, procure ser acolhedor, amável e gentil com o aconselhando.

5.2.2 Ouvir

Ouvir é uma habilidade que urge, cada vez mais ser desenvolvida. Vive-se em uma sociedade que fala. As pessoas estão falando o tempo todo, muitas têm dificuldades de permanecer em silêncio e, muito mais ainda, para ouvir o outro. Ouvir não é apenas escutar o que a outra pessoa está dizendo. É muito mais além, mais profundo. Ouvir é estar inteiramente dedicado a acolher e a compreender o que o outro está querendo transmitir, com suas inquietações, incertezas, dúvidas, dentre outros. É estar inteiro para o outro.

A arte de ouvir requer alguns cuidados. Por exemplo, sempre olhe para o aconselhando, mas tome cuidado para que seu olhar não seja intimidador. Se você ficar olhando, profundamente, para os olhos dele, provavelmente ficará desconcertado. Portanto, haja com naturalidade, olhando para a região do rosto e para os olhos sem causar constrangimento. Outrossim, não fique olhando para todos os lados, para cada detalhe da sala ou para o teto porque, agindo assim, passará a impressão de estar desatento.

Enquanto estiver ouvindo, cuide-se para não interromper a fala do aconselhando no momento errado, fazendo com que a sua linha de raciocínio se perca. Jamais emita palavras de censura e julgamento. Ainda que seja algo pesado, do ponto de vista do pecado ou outra coisa dessa natureza, lembre-se de que, se a pessoa te procurou é porque, de alguma forma, entende que poderá ajudá-la. Collins (2012, p. 48) afirma que é preciso:

> ter consciência de que é possível aceitar o aconselhando, sem que isso signifique ter que compactuar com suas ações valores ou crenças. Jesus aceitou a mulher apanhada em adultério, muito embora não aprovasse seu comportamento. Pode ser útil tentar colocar-se na posição do aconselhando e procurar ver as coisas sob o seu ponto de vista.

Essa capacidade de colocar-se no lugar do outro é a empatia, que já fora abordada nesta disciplina. Portanto, ouvir não significa concordar ou, como alguns dizem, "passar a mão na cabeça para o erro ou o pecado", antes, significa conseguir entender o que está sendo dito e, também, aquilo que não está sendo falado, mas que, de alguma forma, está sendo comunicado, seja por trejeitos, atitudes corporais e gestos.

Isso, realmente, é um exercício muito útil ao conselheiro, assim como é salutar que ele respeite o momento em que o aconselhando estiver chorando ou tendo uma crise de choro. Muitos, acabam ficando um tempo em silêncio. O conselheiro deve permitir que isso aconteça sem interromper. Geralmente, o aconselhando está organizando suas ideias para dar continuidade à sessão ou, está se recompondo para falar de algo que lhe traz muito sofrimento.

5.2.3 Responder

O momento do aconselhamento não é um período de escuta. O conselheiro fala, interage, responde. O Senhor Jesus é o claro exemplo de alguém que sabia ouvir e que também sabia responder e interagir de forma pontual. Esta interação se dá por meio de sete maneiras: condução, comentar, perguntar, confrontar, informar, interpretar e apoiar/encorajar (COLLINS, 2012). Entenda o significado de cada termo:

5.2.3.1 Condução

É a maneira natural como o conselheiro vai direcionando a conversas, por meio de perguntas do tipo: "O que aconteceu depois?" ou "O que você quer dizer com?" (COLLINS, 2012).

5.2.3.2 Comentar

Quando o conselheiro comenta algo com o aconselhando acerca do ele está dizendo, denota que está atento ao que está sendo dito, está se dando a devida atenção e, com isso, é possível entender o que ele está pensando e sentindo. Segundo Collins (2012, p. 49):

> "Você deve se sentir meio...", "Aposto que isso te deixou frustrado", "Deve ter sido engraçado" são frases que comentam o que está sendo dito durante o aconselhamento. Tenha o cuidado de não fazer comentários toda hora; faça-os periodicamente. Procure não repetir palavra por palavra o que o aconselhando disser, pois isso é irritante. Resista à tentação de começar todas as frases da mesma maneira como, por exemplo, "Acho que deve ter

> sido..." ou "Parece até que eu estou vendo". Resumir, periodicamente, o que foi dito pode ser uma maneira de começar a estimular o aconselhando a aprofundar seu relato. O conselheiro pode resumir sentimentos ("isso deve ter doído" e/ou temas gerais abordados na sessão ("Depois de tudo isso que você disse, me parece que houve uma porção de fracassos seguidos").

Perceba que, por meio de comentários sensatos e pertinentes o conselheiro amplia as possibilidades de fortalecimento do vínculo, demonstrando seu envolvimento e atenção. Isso denota que está disposto a interagir com o aconselhando, com seus dilemas e dores. Agora, é importante ressaltar que, após fazer algum tipo de comentário, o conselheiro deve abrir espaço para que o aconselhando se posicione, respondendo ao que fora lhe dito.

5.2.3.3 Perguntar

Perguntas inteligentes ampliam o espaço da comunicação entre conselheiro e aconselhando. Existem algumas formas de perguntar que favorecem a comunicação entre o conselheiro e o aconselhado. Estas formas de perguntar serão tratadas no próximo capítulo da nossa disciplina.

5.2.3.4 Confrontar

Muitas pessoas, quando falam em confronto, pensam em brigas, discussões, exposições, humilhações, dentre outros. Porém, é necessário compreender o que, de fato, significa confrontar alguém. Para início de conversa, confrontar não é sinônimo de nenhuma das palavras apresentadas acima.

Na verdade, o verdadeiro confronto é um estímulo para que a mudança mude sua rota e consequentemente seu destino, por meio de um redirecionamento de seus pensamentos e atitudes negativos. É a apresentação de um olhar ou ponto de vista que, até então, o aconselhando não tinha. Por isso mesmo, o confronto sempre deve vir acompanhado de gestos de bondade por parte do conselheiro. Suas palavras devem ser brandas, ainda que duras, mas que sirvam de despertamento para a mudança.

Parece paradoxal a ideia de palavras brandas e duras, porém, é sempre bom lembrar que é possível falar duras verdades de maneira branda, sem ser agressivo, sem humilhar o outro. O confronto não pode parecer julgamento, antes, deve transparecer atitude compassiva e misericordiosa, inclusive quando tratar-se de pecado.

Acerca disso, Collins (2012, p. 50) escreve:

> Às vezes, a confrontação leva o aconselhando a confessar seu pecado e passar por uma significativa experiência do perdão. Contudo, muitas vezes o que acontece é que a pessoa demonstra resistência, culpa, ressentimento ou raiva. É importante deixar que a pessoa responda verbalmente à confrontação, dando-lhe tempo para discutir alternativas de comportamento.

O ser humano tende a resistir quando é confrontado, especialmente, se estiver no caminho do erro e pecado. Por isso, as resistências se manifestam e, é preciso ter paciência e esperar que a pessoa decida o caminho que deseja seguir. É sempre bom lembrar que o conselheiro sempre conta com a ajuda do Espírito Santo de Deus.

5.2.3.5 Informar

A informação é o recurso que o conselheiro tem para que transmita dados para as pessoas (COLLINS, 2012). O processo de aconselhamento implica em ganho de conhecimento, e as informações auxiliam o aconselhando a lidar melhor com seus problemas, mediante as orientações que recebe sobre ele.

Um aspecto importante é que as informações devem ser passadas paulatinamente, aos poucos, e nunca de uma vez só, pois pode ser que o aconselhando não consiga lidar com tudo o que recebera. Outrossim, é sempre necessário verificar se, de fato, as informações são procedentes, para que o conselheiro não passe vergonha e caia em descrédito.

5.2.3.6 Interpretar

Segundo Collins (2012, p. 50):

> Interpretar é dar ao aconselhando o significado do seu comportamento ou de outros eventos. Esta e uma habilidade extremamente técnica que ajuda bastante o aconselhando a ter uma visão mais clara de si mesmo e das situações que está envolvido. No entanto, a interpretação também pode ser danosa, principalmente

> quando introduzida antes que o aconselhando possa elaborar a questão emocionalmente, ou quando a interpretação está errada.

Pela explicação de Collins, é possível perceber a seriedade da interpretação, a fim de que não se cometa equívocos e nem se antecipem conteúdos que ainda não estão prontos para serem absorvidos pelo aconselhando. Por isso, o mesmo autor esclarece que:

> Se você começar a ver possíveis explicações para os problemas ou ações do seu aconselhando, pergunte a si mesmo se ele está intelectual e emocionalmente pronto para lidar com isso, use termos simples e apresente suas interpretações sem ser taxativo (por exemplo, "Acho que uma possível explicação seria...") e dê tempo para que aconselhando responda. À medida que vocês discutem a interpretação, o aconselhando irá desenvolver uma percepção cada vez maior e será capaz de explorar futuros cursos de ação com o conselheiro (2012, p. 50).

5.2.3.7 Apoiar e Encorajar

O conselheiro tem como uma de suas funções, apoiar e encorajar o aconselhando no processo de aconselhamento. Nem sempre é fácil e, não raras vezes, a pessoa pode se sentir desmotivada diante dos problemas, achando-se incapaz e, para tanto, a força do conselheiro servirá de motivação para a caminhada. Para isso, é necessário que o conselheiro esteja revestido de comunhão com Deus e que esteja com boa estrutura psicológica, para que dê o devido suporte que a pessoa está necessitando.

5.3 Ensinar

O conselheiro é, também, um professor que ensina seu aconselhando por meio de palavras e testemunho, a lidar com as situações que envolvem a sua vida, especialmente, no que diz respeito aos seus problemas. Collins (2012, p. 51) demonstra que:

> Um instrumento poderoso no processo de

aprendizagem é a resposta imediata, em que o conselheiro e aconselhando discutem aberta e claramente o que está acontecendo no aqui-e-agora da relação. Neste tipo de dinâmica são comuns frases como: "Neste exato momento, estou me sentindo frustrado com você", ou "Estou começando a ficar irritado, porque acho que você não está prestando atenção". Essas declarações francas permitem aos indivíduos expressar e elaborar suas emoções e sentimentos negativos antes que estes cresçam e envenenem a alma. As respostas imediatas também ajudam os aconselhandos (e conselheiros) a compreender melhor como suas ações afetam os outros e como eles reagem nas relações interpessoais. Essa compreensão é um importante aspecto didático do aconselhamento.

O trabalho do ensino no processo de aconselhamento é extremamente útil no manejo do aconselhamento para que o aconselhando aprenda a lidar com as situações que o envolvem, especialmente, porque não é possível estar com o conselheiro durante vinte e quatro horas do dia. Na medida em que vai aprendendo a ser mais assertivo em relação às suas demandas, tende a ir desenvolvendo habilidades de enfrentamento que o fortalecerão na superação das dificuldades.

5.4 Filtrar

É importante que o conselheiro saiba que nem sempre o aconselhando trará toda a história para a sala de aconselhamento. Por muitas vezes, as pessoas não conseguem dimensionar o que está por detrás de um fato apresentado ou não consciência da amplitude que um determinado evento pode ganhar.

Outrossim, é possível que o aconselhando traga uma realidade distorcida, onde coisas importantes são omitidas. Para tanto, uma das habilidades que conselheiro precisa desenvolver é a capacidade de filtrar. Esse filtro se dá por meio, por exemplo, de algumas perguntas que o conselheiro faz a si, como por exemplo: "O que está pessoa está precisando", "O que, de fato, está por detrás do que ela está dizendo" ou ainda, "Será que a pessoa está apresentando esta versão, mas os problemas são realmente outros, logo, estão camuflados ou escondidos?"

Collins (2012) demonstra que pessoas falam sobre determinados assuntos como sendo algo que as incomoda ou que consideram como problemas, embora, na verdade, não desejam, de fato, caminhar para a mudança. Diante disso, querem "[...] solidariedade, atenção, catarse, ouvir o ponto de vista de uma outra pessoa, ou um meio de fugir de uma situação desagradável" (COLLINS, 2012, p. 51).

Frente a isso, o tempo de trabalho e a chegada da experiência ajudarão o conselheiro a identificar as intenções ocultas manifestas no discurso do aconselhando, sendo que, muitas vezes, nem mesmo ele sabe que elas estão presentes. Por fim, este capítulo abordou diversos fatores que são fundamentais para o êxito no aconselhamento e que devem ser apropriados por todos os que desejam militar nesta boa obra.

Questão para reflexão

Em sua opinião, os conselheiros se apropriam desses conhecimentos para o manejo com seus aconselhandos? Justifique sua resposta.

A ESTRUTURA DO ACONSELHAMENTO E O DESENVOLVIMENTO HUMANO

Como se desenvolve o processo de aconselhamento? Quais os caminhos para a sua efetividade? Outrossim, como ocorre o desenvolvimento humano? Como as pessoas pensam, na medida em que se desenvolvem e crescem? Estas perguntas dizem respeito ao que será tratado nesta Unidade. A compreensão desses fatores, certamente, ajudará o conselheiro ao melhor manejo da relação de ajuda estabelecida com o aconselhando.

No capítulo primeiro, abordar-se-á a estrutura do aconselhamento, onde se compreenderá como ele ocorre, possíveis passos ou etapas, dentre outros. A partir do segundo capítulo, apresentar-se-ão as fases do desenvolvimento, sendo que, logo neste capítulo, falar-se-á sobre a infância, esse momento crucial da vida, base para a construção do ser humano.

No terceiro capítulo, tratar-se-á da adolescência, período de mudanças significativas na estrutura humana, repleta de desafios a serem superados. No quarto capítulo, compreender-se-ão os mecanismos da juventude e da vida adulta, até que, por fim, no quinto capítulo, chegar-se-á à velhice, período da existência onde inúmeras experiências adquiridas no transcurso do tempo somam-se aos desafios do pôr do sol da existência.

CAPÍTULO 1

A Estrutura do Aconselhamento

Há quem pergunte: como se começa uma sessão de aconselhamento? Quem deve começar a falar? O que se deve falar? Como fazer perguntas, de maneira que o aconselhando não fique constrangido? Quando é a hora de parar? De fato, estas dúvidas podem permear a mente do conselheiro, portanto, neste capítulo será apresentada a estrutura de um processo de aconselhamento, a fim de que o conselheiro se sinta seguro e confiante para ajudar quem estiver dele precisando.

1.1 A base

Inicialmente, o conselheiro precisa estar consciente de que depende da graça de Deus para auxiliá-lo no processo de aconselhamento. Para que isso ocorra, ele deve recorrer à vida de oração e ao conhecimento da Palavra. A dependência de Cristo será salutar para que obtenha êxito no seu empreendimento. Neste aspecto, Lopes (2017, p. 286) ratifica que:

> As Escrituras devem ser usadas como um manual exclusivo em uma sessão de aconselhamento. Somente ela é capaz de resolver os problemas humanos na sua totalidade. O conselheiro tem por obrigação deixar que o Espírito Santo guie a sessão de aconselhamento, pois é Ele que nos guia "a toda a verdade" (Jo 16.13). Ele é

> o verdadeiro agente de mudanças. Quando o Espírito Santo atua, é inevitável a existência de mudança. Uma personalidade mórbida poderá ser transformada, à medida que o fruto do Espírito é cultivado. Cultivar o fruto do Espírito é permitir que o caráter divino seja implantado no nosso caráter

Fica claro que o conselheiro não pode rumar ao trabalho sem as devidas armas espirituais: oração e Palavra de Deus. Estes recursos do céu estão disponíveis e precisam ser acessados para que a vitória acompanhe o processo. Não estamos tratando de questões meramente humanas ou psíquicas, antes, estamos tratando de fatores que sofrem interferência direta do e no reino espiritual, logo, neste reino, atua-se com os mecanismos certos, com as ferramentas estabelecidas pelo próprio Deus.

Em concordância com o autor supracitado, Alexandre Júnior (2016, p. 158, 159) reitera que:

> A oração com a pessoa aconselhada faz-se de forma espontânea quando ela é oportuna e desejada, sempre que necessária e nunca por constrangimento ou a contragosto. Tournier, psicólogo cristão muito respeitado, dá à oração um valor muito importante no aconselhamento. Chama-lhe de "período de comunhão silenciosa" durante o qual ambas as partes esperam no Senhor a iluminação. Segundo ele, a oração situa a questão na dimensão própria, centra a atenção em Deus – fonte última de toda a ciência e sabedoria – e providencia a oportunidade necessária para a direção divina. [...] É a Escritura que tem as respostas certas para todas as situações da vida, tanto pela exemplificação e enunciação dos princípios e dos valores a implementar a seguir, como pela clarificação do diagnóstico e aplicação das terapêuticas adequadas a cada situação concreta.

Sem dúvida, esta é a base fundamental para que o aconselhamento aconteça. É imprescindível esta compreensão. O conselheiro, portanto, deve orar. Parece uma frase óbvia, mas, é no óbvio que, muitas vezes, o ser humano se perde. Quantos não estão indo aos gabinetes, escritórios ou salas de aconselhamento sem antes consultar ao Senhor em oração? Quantos não estão confiando em sua própria força ou capacidade, esquecendo-se de quem a sua iluminação, sem a clareza e direção do Espírito Santo não irão a lugar algum?

Se a oração é vital, é oxigênio, é comunhão, é intimidade, é vida que traz vida, tão necessário quanto, é a leitura, meditação e estudo da Palavra. Como aconselhar se o conselheiro não lê a Bíblia? Não apenas lê, mas, medita nela! Como vai falar se não conhece as histórias, os versículos, os capítulos, as verdades eternas reveladas?

Não basta apenas ler, é preciso estudar! Aprender o sentido de um versículo, como interpretá-lo, conhecer o contexto social, político, econômico, histórico e geográfico em que ele está inserido, a fim de que não cite texto sem contexto, e acabe por falar algo que o texto mesmo não diz. Aconselhar não é para aventureiros, antes, é uma missão árdua, porém, gloriosa, para homens e mulheres de Deus abalizados, maduros, experientes em Deus, que bebem constantemente da fonte e se debruçam diante da Santa Palavra.

1.2 O local

Todo aconselhamento deve ocorrer em um lugar onde seja preservado o sigilo e a pessoa fique à vontade para expor o seu problema ou a sua necessidade. Para isso, cuidar do local é fundamental. Dificilmente, alguém conseguirá ficar à vontade para abrir-se em um ambiente onde pessoas estão transitando ou que permita que a conversa seja ouvida.

Diante disso, uma sala pastoral, um gabinete, um escritório ou consultório e, quem sabe, até mesmo uma sala de aula, deve ser um ambiente que favoreça o diálogo, a expressão de sentimentos e emoções, por parte do aconselhando sem o receio de que alguma interrupção indesejada possa acontecer.

Outrossim, é aconselhável que a sala possa oferecer o mínimo de conforto, como por exemplo, cadeira ou poltrona adequada, boa iluminação, água e banheiro próximos, lenços de papel, pois, geralmente, as pessoas choram ao expressar suas dores e problemas, dentre outros. Quando o conselheiro se preocupa com esses detalhes, o aconselhando sente-se acolhido e isto, certamente, contribui para a sua melhora.

1.3 O horário

Estipular horário para que os aconselhamentos aconteçam não é uma tarefa muito fácil, pois, na realidade, depende das condições e da disponibilidade do conselheiro, salvo exceção, quando se depara com alguma questão de cunho emergencial. Porém, é salutar que o conselheiro seja prudente na sua missão. Espera-se que o aconselhamento ocorra durante o dia ou, no período noturno dentro daquilo que se é esperado socialmente.

Todo cuidado é pouco quando pessoas desejam ser aconselhadas em horários não muito comuns e, até mesmo, impróprios, como por exemplo, pela madrugada, especialmente, se a procura ocorrer por parte pessoas do sexo oposto, solicitando encontro presencial. A sabedoria e a prudência devem andar de mãos dadas com o conselheiro!

1.4 O momento do aconselhamento

O ato do aconselhamento em si, inicialmente, pode causar apreensão, tanto no conselheiro e, muito mais, no aconselhando, afinal, ele abrirá algo de sua vida e, de repente, o que trará é algo doloroso, um problema sério, um pecado que tem lhe causado extrema vergonha, dentre outros. Se a necessidade for uma orientação quanto a algum procedimento ou alguma escolha pode ser que seja mais tranquilo, porém, boa parte das vezes, não é.

Por isso, o conselheiro pode e deve ser um facilitador para que as coisas fiquem mais fáceis. Ele deve agir de forma natural, simpática e receptiva para com o aconselhando. Dependendo da situação, pode começar com um quebra-gelo, desde que não seja constrangedor e cause um impacto negativo na pessoa. Sorrir é um poderoso aliado do conselheiro. Há diferença entre sentar-se para conversar com alguém que tem um sorriso no rosto e sentar-se com alguém carrancudo, com expressão facial sisuda!

Semelhantemente, sua forma acolhedora e empática, sem julgamentos, fará com que o aconselhando fique menos tenso e, aos poucos, vá abrindo o coração. Na medida em que fala, o conselheiro deve evitar interrompê-lo, a fim de que a sua linha de raciocínio não seja quebrada e, consequentemente, as emoções e sentimentos bloqueados.

Da mesma forma, o conselheiro deve demonstrar profunda atenção olhando nos olhos, sem intimidar o aconselhando, conforme é tratado nesta disciplina. Uma das maneiras reside em transitar com os olhos em toda a face da pessoa, observando discretamente o contorno do rosto, olhar para o espaço entre a sobrancelha, a testa etc. Isso faz com que a pessoa fique mais à vontade, pois, fitar profundamente os olhos poderá deixá-la desconcertada.

Outrossim, o conselheiro deve centrar-se no aconselhando e não ficar olhando para os lados, para fora, para a porta ou janela, para o teto ou para o chão, como se estivesse desatento. Se o aconselhando perceber que o conselheiro está "longe" ficará desestimulado por sentir que não está recebendo a atenção necessária. Da mesma forma, ficar olhando para o relógio pode gerar no aconselhando a sensação de que o conselheiro está com pressa, que deseja acabar logo, que está demorando, que precisa ser mais rápido etc.

Na medida em que escuta a queixa ou a necessidade do aconselhando, o conselheiro poderá mexer suavemente com a cabeça demonstrando que está compreendendo o que está sendo dito. Isso fará com que a pessoa se sinta acolhida e tranquila para expor-se. Falar, ocasionalmente, palavras, tais como, "sim", "compreendo", "ok", "hum-hum", é uma forma de conexão primorosa entre o conselheiro e o aconselhando.

Sempre que o conselheiro precisar ou for falar, fale com calma, com transparência e leveza. Sua expressão facial deve acompanhar o seu discurso, sempre alegre, transmitindo a confiança, segurança e, novamente, a leveza. Perguntas devem ser feitas, com todo o traquejo, para que o aconselhamento não fique parecendo um tribunal, onde interrogatórios são feitos causando intimidação e retraimento do aconselhando.

Orienta-se que sejam feitas perguntas abertas. Perguntas fechadas pedem respostas diretas e, muitas vezes, curtas. Na maior parte das vezes, as respostas são "sim" e/ou "não". Por outro lado, perguntas abertas prolongam o pensamento e permitem que aconselhando abra mais o coração, comentando sobre seus sentimentos e emoções. As perguntas devem ser sempre feitas de maneira que o aconselhando as entendam em sua linguagem, para que a comunicação seja efetiva. Se perceber que o aconselhando não entendeu a pergunta, faça-a novamente de forma clara e objetiva.

Veja alguns exemplos de perguntas fechadas e abertas:

* **Fechada -** "Você se sentiu feliz ou triste naquela situação?"

* **Aberta –** "Fale-me sobre como se sentiu naquela situação?"

* **Fechada –** "Você já tentou resolver este problema antes?"

* **Aberta –** "Você consegue me falar sobre como vem agindo para resolver este problema?"

Na medida em que o processo está acontecendo, perguntar de forma pontual e sábia, é fundamental, pois, por meio das perguntas, conselheiro e aconselhando vão costurando ideias, entendendo fatos, pensando sobre os acontecimentos, interpretando emoções e sentimentos, dentre outros.

Além do manejo nas perguntas, Lopes (2017) orienta que os conselheiros desenvolvam a habilidade de fazer pedidos de esclarecimento e complementação; operacionalizem a informação, façam paráfrases, reflitam sobre os sentimentos, explore as alternativas, dê sugestões e encoraje o aconselhando a rever seus comportamentos levando-o à mudança de atitude.

Sobre os pedidos de esclarecimento e complementação, o autor explica que: "refere-se à busca de informações adicionais que foram esquecidas ou omitidas pelo aconselhando, visando complementar o que fora dito. Por exemplo: 'Fale mais sobre isso' ou 'dê um exemplo' (2017, p. 292).

Operacionalizar a informação é quando o conselheiro e o aconselhando conseguem descrever o problema objetiva e claramente, de modo que o aconselhando consiga descrevê-lo com suas palavras de forma pontual e certeira. O conselheiro pode e deve parafrasear algumas falas do aconselhando, de forma calma, sendo que após a paráfrase, deve ficar em silêncio por um instante. Para parafrasear Lopes, o conselheiro reproduz uma parte da fala do aconselhando, utilizando suas próprias palavras. Isso faz com que o aconselhando veja a problemática que está atravessando sob outro ângulo (LOPES, 2017).

Refletir sobre os sentimentos é levar o aconselhando a identificar que tipo de emoção ou sentimento está trazendo no momento da sua fala: raiva, tristeza, alegria, dor, ao passo que, explorar alternativas é encontrar caminhos, com o aconselhando, para que ele encontre formas de solução do seu problema. Lopes (2017, p. 293) diz que "é preciso estabelecer alvos, criar esperança logo no início, pondo o aconselhado na expectativa de alcançá-las". O autor, por outro lado, sobre sugestões ou conselhos orienta: "não diga diretamente às pessoas o que elas devem fazer, mas oriente-as oferecendo sugestões, dando oportunidade para concordar ou não" (p. 293).

Por fim, o conselheiro deve estimular o aconselhando a buscar mudança de vida. Deve incentivá-lo às novas práticas e ações, que o levarão à transformação, à tão desejada revolução da existência. Para tanto, como já fora assinalado neste material didático, o conselheiro não pode colocar-se na posição de juiz ou de solucionador dos problemas, antes, deve atuar como facilitador da mudança, ancorado nas Escrituras, pois ela é a bússola para que o homem encontre a vontade de Deus (Rm 12.2).

Ao fim da sessão de aconselhamento, pode ser que o problema não tenha ainda sido solucionado, mas, o aconselhando pode sair com suas esperanças renovadas, com sua fé restaurada e com a convicção de que tudo poderá ser diferente. Segundo Mack, na obra Introdução ao Aconselhamento Bíblico – Um guia de princípios e práticas para líderes, pastores e conselheiros:

> Transformação bíblica não pode ocorrer sem esperança, especialmente nas situações difíceis que enfrentamos como conselheiros. [...] Jamais devemos subestimar o papel da esperança no processo de santificação. Veja o que as Escrituras dizem sobre suas muitas contribuições para esse processo: Esperança produz alegria que perdura, mesmo nas provações mais difíceis (Provérbios 10:28; Romanos 5:2-3; 12:12; I Tessalonicenses 4:13); Esperança produz perseverança (Romanos 8:24-25); Esperança produz confiança (2Coríntios 3:12; Filipenses 1:20); Esperança produz um ministério eficaz (2Coríntios 4:8-18; Esperança produz fé e amor maiores (Colossenses 1:4-5); Esperança produz consistência (1 Tessalonicenses 1:3); Esperança produz mais energia e entusiasmo (1 Timóteo 4:10); Esperança produz estabilidade (Hebreus 6:19); Esperança produz um relacionamento mais íntimo com Deus (Hebreus 7:19); Esperança produz pureza pessoal (I João 3:3). Já que a Bíblia dá tanto destaque ao papel da esperança no crescimento espiritual, devemos dar destaque a ela também em nosso aconselhamento.

1.5 Instrumentos de coleta e registro de acompanhamento

Quando um processo de aconselhamento tem início, é extremamente importante que o conselheiro faça um levantamento da história do aconselhando. Os dados devem ser coletados porque serão muito úteis na compreensão do quadro. Sendo assim, deve-se perguntar os dados pessoais, os aspectos que envolvem a história familiar, sobre a saúde, características de personalidade, dentre outros.

Da mesma maneira, o conselheiro deve fazer registros dos principais pontos abordados no encontro com o aconselhando. Isso o ajudará a estudar o caso, a orar sobre ele, e, também, pensar em alternativas de solução, apontamento de tarefas, dentre outros. Esses registros devem ser guardados em sigilo, logo, jamais devem ficar expostos ou ser acessados por outras pessoas.

No tocante às tarefas, elas são atividades, comportamentos e ações que auxiliam o aconselhando na solução de seus problemas. São exemplos de tarefas: ler textos bíblicos; ler algum livro sobre o assunto em questão; assistir a algum filme; fazer alguma atividade ligada a algo que precisa ser superado, dentre outros. Lopes (2017, p. 295) afirma que: "o aconselhando pode fazer uso de um caderno de tarefas caseiras. Também pode ser usada uma caderneta para anotar o 'Progresso na solução dos problemas'...".

1.6 Encaminhamento

O conselheiro não pode ter a ilusão, a fantasia, ou, até mesmo a prepotência de achar que dará conta de todas as demandas e problemas. Agir assim é atestar o despreparo e imaturidade. Sendo assim, ele precisa fazer os devidos encaminhamentos quando se fizerem necessários.

Se o problema apresenta uma condição médica, deve orientar o aconselhando a procurar o especialista; se a questão é emocional e demanda um aprofundamento técnico, deve orientar que se procure um Psicólogo ou um Psiquiatra. Há um tabu no tocante ao uso de medicações prescritas pelo médico Psiquiatra, porém, é preciso pensar: se as pessoas tomam as medicações para tratar problemas do corpo que estão abaixo do pescoço, por que não tomar, mediante a necessidade, remédios que atuam do pescoço para cima, ou seja, na cabeça? A cabeça, porventura, não faz parte do corpo? O cérebro não comanda o corpo, não influencia nas emoções e sentimentos? É preciso rever conceitos! O remédio, se necessário for seu uso, deve ser visto como aliado no tratamento e não, como inimigo!

Que Deus dê sabedoria e graça ao conselheiro, a fim de que proceda de forma correta e glorifique o nome do Senhor!

Questão para reflexão

Faça um resumo das principais etapas do processo de aconselhamento.

CAPÍTULO 2

Compreendendo o Desenvolvimento Infantil

A infância é um dos períodos mais importantes da vida humana. É nela que são lançadas as bases que alicerçarão toda a existência de uma pessoa. Para tanto, é importante que o conselheiro saiba como se dá o desenvolvimento infantil, a fim de que possa, não somente trabalhar com esta faixa etária, se necessário for, como para orientar os pais sobre como proceder na educação de seus filhos. Neste capítulo, trabalharemos os principais aspectos que envolvem a infância, incluindo, sobretudo, as etapas do desenvolvimento humano.

2.1 A infância e a Bíblia

Ao longo da narrativa bíblica é comum a presença de crianças. Há vários versículos, no antigo testamento e no novo testamentos fazendo referência direta à criança, conforme alguns exemplos: (Sl 119.9; Pv. 3. 1, 2; 22.15; 29.15; Mt 18. 1-4; Mc 9. 36, 37). Percebe-se a preocupação de Deus para com esta fase tão importante da vida humana.

Outrossim, o próprio Senhor Jesus, quando veio a este mundo, nascido de mulher, Maria, foi uma criança como todas as demais. Ele atravessou as etapas do desenvolvimento infantil, assim como todo ser humano atravessa. Em Lucas 2. 52 está escrito: *"E crescia Jesus em sabedoria, estatura e graça diante de Deus e dos homens"*.

Ora, esse versículo esclarece que a infância de Jesus aconteceu de maneira saudável, abarcando todos os aspectos do desenvolvimento humano. Ele crescia em ***sabedoria***, (referindo-se à sua mente, aos aspectos cognitivos e emocionais), em ***estatura*** (aludindo ao desenvolvimento fisiológico, físico) e ***graça diante de Deus e dos homens*** (apontando à vida espiritual, à comunhão com Deus e, também, à vida em sociedade, crescendo cultural e socialmente.

Jesus foi o exemplo vivo de como deve ser um sistema de desenvolvimento humano saudável. Uma criança deve atravessar estas quatro áreas: física, emocional, social e espiritual. Além disso, ele mesmo atraía as crianças para perto de si. Certa feita, disse aos seus discípulos: *"Deixem vir a mim as crianças e não as impeçam; pois o Reino dos céus pertence aos que são semelhantes a elas"* (Mt. 19.14) e, em outra ocasião: *"[...] tomando uma criança, colocou-a no meio deles. Pegando-a nos braços, disse-lhes: 'Quem recebe uma destas crianças em meu nome, está me recebendo; e quem me recebe, não está apenas me recebendo, mas também àquele que me enviou"* (Mc. 9. 36,37).

Conhecer a infância e cuidar dela, certamente, deve ser prioridade da Igreja, em especial dos pais, que são responsáveis por criar os filhos para Deus, haja vista que são herança d'Ele (Sl. 127. 3-5). Não basta ter filhos, é preciso conhecê-los, saber como se dá o desenvolvimento deles, sempre os levando ao pleno conhecimento de Deus e de Sua Palavra (Pv. 22.6).

Sabe-se que muitos pais têm dificuldade de lidar com a infância, cada vez mais repleta de desafios, por isso mesmo o conselheiro precisa conhecer sobre a criança, tendo como referência a Palavra de Deus, a fim de que possa instruir famílias no exercício da educação, da disciplina saudável, a fim de que o desenvolvimento seja permeado pelo amor que deve estar arraigado nos corações dos membros da casa.

2.2 Fases do desenvolvimento

De forma bastante sucinta, serão apresentadas as características do desenvolvimento infantil, a fim de que o conselheiro tenha um conhecimento básico e possa, a partir disso, aprofundar seus estudos.

2.2.1 Vida intrauterina

Ocorre desde o momento da fecundação até o parto. Inicialmente, da semana 0 à 2ª, tem-se o ovo ou zigoto; da 3ª à 8ª semana, o embrião e, da 3 semana ao 9º mês, o feto, propriamente dito.

Acerca da fase germinal, Lopes (2020, p. 21) esclarece que:

Após a concepção ocorre um processo de divisão

celular chamado, na biologia, de Mitose. A fecundação acontece na trompa de Falópio. O óvulo inicia a sua jornada até o útero onde será implantado. Nesse percurso, o óvulo fertilizado começa a se dividir formando duas células e, em seguida, essas células se subdividem formando quatro células, as quatro se subdividem formando oito células e assim sucessivamente. Após, aproximadamente, três dias existem muitas dezenas de células que formam uma massa com o tamanho aproximado de uma cabeça de alfinete. Com o estabelecimento do zigoto na parede do útero, duas semanas após a concepção, completa-se a fase germinal e inicia-se a fase embrionária.

A maneira como a vida nasce é, realmente, extraordinária! O doador da vida, Deus, é detalhista e perfeito em suas ações! Na fase embrionária, que ocorre quando o zigoto é implantado no útero, há um processo rápido de desenvolvimento, onde três elementos são fundamentais: a placenta, o cordão umbilical e o líquido amniótico.

A partir do terceiro mês, o embrião forma-se feto e continua se desenvolvendo, até o nono mês, quando a mãe dará à luz. Tudo o que já fora iniciado, passa a ser aprimorado, melhorado: crescimento dos cabelos, aparência mais humana, sistemas nervoso e circulatório prontos para a vida, dentre outros.

A Bíblia trata desse período muito importante, através de textos clássicos, como o Salmo 139.15, 16, que diz: *"Meus ossos não estavam escondidos de ti, quando em secreto fui formado e entretecido como nas profundezas da terra. Os teus olhos viram o meu embrião, todos os dias determinados para mim [...]"* e, Eclesiastes 11.5: *"Assim como tu não sabes o caminho do vento, nem como se formam os ossos no ventre na mulher grávida, assim também não sabes as obras de Deus, que faz todas as coisas"*.

Somente um Deus grandioso poderia executar tamanha perfeição, com tamanha complexidade! É algo extraordinário ver o surgimento de uma vida, a partir de uma célula, com toda a potencialidade que trará ao mundo, um ser humano, com corpo, alma e espírito. O Homem não pode ser, jamais, produto do acaso ou obra da evolução!

2.2.2 Traumas do nascimento

Quando uma mãe está pronta para dar à luz, ocorrem três movimentos importantes: a dilatação, quando o cérvix é aberto para que a criança saia; a saída ou expulsão do bebê, propriamente dita e a liberação da placenta, quando o cordão umbilical é cortado e a vida inicia fora do útero materno (LOPES, 2020).

Porém, no nascimento podem ocorrer alguns traumas, afetando o recém-nascido, como no caso da inóxia, que é a falta de oxigênio no organismo ou quantidade inferior dele que pode evoluir para Encefalopatia Hipóxico-Isquêmica, podendo levar à morte. Outro trauma diz respeito ao nascimento prematuro da criança, quando seu desenvolvimento pode ficar comprometido, especialmente, o cognitivo.

2.2.3 Características da infância

De forma sucinta, serão apresentadas algumas características da infância, a fim de que o aluno compreenda como ocorre o processo de desenvolvimento humano e, com isso, auxilie pais no aconselhamento.

2.2.3.1 Primeira infância

A primeira infância ocorre dos 0 aos 2 anos e meio de idade. Aqui, o pensamento e a linguagem começam a ser desenvolvidos. A forma de comunicação deste período é o choro. O bebê atua por meio de reflexos incondicionados, como por exemplo, sugar, sorrir, olhar para cima, defecar, dentre outros. De acordo com Pinho (2019, p. 245):

> Próximo ao fim dessa fase a criança já aprendeu a falar (tem um vocabulário de mais de 200 palavras) e também aprendeu a pensar, mas falar e pensar são ainda duas atividades independentes. É uma fase de profunda formação e desenvolvimento físico, cognitivo, afetivo, comportamental, social e moral/espiritual, mas a criança ainda não tem coordenação plena em todas essas áreas de sua vida.

Como se percebe, o universo dessa criança está em ampla ascensão, todavia, ainda e demasiado cedo para se traçar um perfil de personalidade.

2.2.3.2 Segunda infância

A segunda infância é o período que se estende dos dois anos e meio aos seis anos e meio. A característica marcante deste período é que a criança domina o pensamento e a linguagem, bem como consegue pensar de forma simbólica, além de ter a noção de tempo em três etapas: passado, presente e futuro.

Nesta fase, a criança começa a estender o seu círculo de socialização, ou seja, deixa de estar somente com a família (socialização primária) e passa a se envolver, principalmente, com a escola (socialização secundária). É o período para a alfabetização, haja vista que a criança possui o domínio da linguagem e capacidade cognitiva pronta para a assimilação de conceitos.

Neste período importante da vida, a criança começa a internalizar princípios e valores morais que serão carregados por toda a sua existência. Portanto, é aqui que os valores de Deus, os valores espirituais, devem ser sementes plantadas nos corações dos infantes. Aquilo que é certo e aquilo que é errado passam a ser introjetados neste período do desenvolvimento. Quando a criança chega no final desta fase, os traços de sua personalidade estarão totalmente delineados (PINHO, 2019).

2.2.3.3 Terceira infância

A terceira infância é o período que se estende dos seis aos doze anos. Aqui, a criança terá desenvolvido o raciocínio figurado, a noção de tempo e entrará no processo conhecido por puberdade. É um período de grandes transformações em todas as áreas da vida da criança: física, espiritual, emocional, cognitiva e moral.

É comum que o crescimento físico seja alavancado no período final da terceira infância. Leis e normas são compreendidas, mas a criança busca sua autonomia e sua independência. Geralmente, nesta fase, as crianças gostam de estar juntas com outras crianças da mesma idade e sexo. Isso é normal e não deve ser encarado pelos pais ou responsáveis, incluindo líderes e professores na casa de Deus, como algo anormal ou inclinado a outras opções e desejos na área da sexualidade.

A personalidade é definida por seus traços que são destacados. Um aspecto importante é que, nesse período, especialmente, no fim da terceira infância, é possível reconhecer a presença de possíveis transtornos de personalidade ou de outras patologias da mente, além de comportamentos desviantes ou disfuncionais.

2.2.4 A aprendizagem da criança

Para se falar da aprendizagem infantil, serão apresentados dois importantes teóricos do desenvolvimento humano, que são: Jean Piaget e Lev Semionovitch Vygotsky.

Jean Piaget viveu entre 1896 e 1980 e é chamado de pai da teoria psicogenética do desenvolvimento cognitivo, pois, em suas pesquisas, contribuiu significativamente para o entendimento sobre como funciona a mente e a cognição infantis. De acordo com Lopes (2020, p. 35):

> Numa visão interacionista do desenvolvimento, Piaget estudou exaustivamente o modo como as crianças constroem as noções fundamentais do conhecimento e como desenvolvem o pensamento lógico. Ele chegou à conclusão, a partir de seus estudos, que a lógica infantil apresenta-se de modo diferente da lógica do adulto.

Para explicar como funciona a inteligência infantil, Piaget a dividiu em níveis ou estágios, que são: sensório-motor, pré-operatório, operacional concreto e operacional formal. No **estágio sensório-motor**, que vai do 0 aos dois anos de idade, a criança aprende sobre o mundo, a partir da manipulação de objetos e por meio dos seus sentidos. A conquista principal deste momento é a ciência de que um objeto existe, mesmo que não seja possível vê-lo. Logo, os objetos passam a adquirir uma representação mental.

No **estágio pré-operatório**, que vai dos dois aos sete anos, são desenvolvidas a imaginação e a memória. Passado e futuro passam a ser compreendidos, assim como o pensamento simbólico. Neste período do desenvolvimento, a criança ainda tem o pensamento egocêntrico, logo, tem dificuldade de compreender e ver o pensamento e as ideias do outro.

É importante que os pais e o conselheiro saibam que esse egocentrismo faz parte da idade e do desenvolvimento, e nada tem a ver com algum problema de ordem moral e, muito menos, espiritual. Se a criança for compreendida neste momento, certamente, lidará melhor com o egocentrismo e será um adulto que saberá dividir e acolher o pensamento do próximo.

No **estágio operacional concreto**, que vai dos sete aos onze anos, a criança passa a validar melhor o sentimento e as ideias ou pensamentos do outro. O egocentrismo perde força e, para Piaget, no estágio operacional concreto, a criança começa a ser preparada para o próximo estágio, o operacional formal.

O **estágio operacional formal** surge a partir dos onze anos e se estende pela vida adulta. A característica importante deste estágio é que a criança ou o pré-adolescente desenvolve a habilidade de resolver problemas e elaborar questões em sua mente, em vez de fisicamente apenas. Neste momento, também, os problemas são resolvidos por meio da lógica e os planejamentos sobre o futuro acontecem.

Certamente, a teoria é mais complexa e com muitos outros detalhes que não serão expostos aqui dada à intenção e propósito da disciplina. No entanto, compreender esses mecanismos do desenvolvimento propostos por Piaget, podem auxiliar os pais, professores e líderes na casa de Deus, a melhor lidarem com cada etapa deste crucial momento da vida, que é a infância, base para tudo o que acontecerá na vida adulta.

Lev Semionovitch Vygotsky, que viveu entre 1896 e 1934, apesar do pouco tempo de vida, deixou um legado importante na compreensão da aprendizagem infantil. Sua teoria ficou conhecida como **teoria sociocultural**. De acordo com Papalia, Olds e Feldman (2006, p. 82):

> [...] o foco central de Vygostsky é o complexo social, cultural e histórico do qual uma criança faz parte. Para compreender o desenvolvimento cognitivo, dizia ele, é preciso olhar para os processos sociais de onde se origina o pensamento de uma criança. [...] as crianças aprendem através da interação social. Elas adquirem habilidades cognitivas como parte de sua indução a um modo de vida. As atividades compartilhadas ajudam as crianças a internalizar os modos de pensamento e comportamento e suas sociedades e a torná-los seus.

Como se pode observar, Vygotsky sinaliza, em sua teoria, a importância fundamental que o meio social exerce sobre a formação de uma criança, tanto à sua cognição (processos ligados à mente, à inteligência e à aprendizagem), quanto à aquisição de valores e normas sociais, que a integram ao seu grupo social. Para ele, a linguagem exerce um papel preponderante na organização e nos processos do pensamento (LOPES, 2020).

Compreender as informações apresentadas por estes dois teóricos é importante no manejo de aconselhamento, especialmente, de pais que têm dificuldades em ensinar ou educar suas crianças ou, até mesmo, de líderes e professores que não conseguem atuar ou progredir na atuação e dinâmica com os pequenos.

A criança é alvo do amor de Deus. Uma criança terá a sua vida inteira pela frente, a fim de ser investida na obra de Deus. A criança é imitadora, portanto, o exemplo dos pais e dos adultos da Igreja é fundamental. A criança é cheia de ousadia e fé. A criança é missionária e tem, em sua boca, o perfeito louvor (Mt 21.16).

Diante de tudo o que fora exposto, é importante frisar a importância da família e da Igreja, na formação da personalidade, do caráter e dos valores da criança, pois estes serão levados por toda a vida. Além disso, a criança é a Igreja do presente e do futuro, até Cristo voltar. Se todos compreenderem isso, tratarão as crianças com o devido valor dado a elas pelo próprio Senhor Jesus.

Questão para reflexão

Por que é importante priorizar o cuidado com as crianças nos dias atuais? Justifique.

CAPÍTULO 3

Compreendendo o Desenvolvimento na Adolescência

A adolescência é um período de muitos desafios. Você que está, neste exato momento, lendo este conteúdo, passou pela adolescência ou, quem sabe, está passando por ela, portanto, sabe bem como é. Em linhas gerais, é um período de profundas transformações físicas, cognitivas e mentais, que marca a ruptura com a infância, inaugurando o caminho que ruma para a vida adulta. Neste capítulo, apresentar-se-á o que é a adolescência, suas características e como o conselheiro pode e deve ajudar, tanto quem está atravessando esta fase, como os pais, professores e líderes que estão em dificuldade para lidar com ela.

3.1 O que é a adolescência?

Não são poucos os pais que procuram orientação porque não estão sabendo lidar com seus filhos adolescentes. Há os que se culpam, perguntando, até mesmo, o que fizeram ou onde erraram porque os filhos estão diferentes, rebeldes e afastados. Aquela criança que não saia de perto dos pais, agora, parece querer distância deles, não quer sair mais junto, sente vergonha de chegar na escola acompanhado dos pais, evita abraçá-los, beijá-los, dentre tantos outros comportamentos que, até então, eram comuns.

Quando tudo isso acontece, pode-se ter uma certeza, a adolescência chegou! Esse período que, geralmente, se estende dos 12 aos 18, 20 anos, é permeado por variados desafios. Mas, afinal, o que é a adolescência? Definir adolescência não é algo tão simples e consensual entre os autores da área, mas, segundo Papalia, Olds e Feldan (2006, p. 439, 440):

> Nas sociedades industriais modernas, a passagem para a vida adulta geralmente é menos abrupta e menos claramente marcada. Ao contrário disso, essas sociedades reconhecem um longo período de transição conhecido como **adolescência,** uma transição no desenvolvimento entre a infância e a vida adulta que envolve grandes mudanças físicas, cognitivas e psicossociais inter-relacionadas.

Note-se que as autoras fazem uma comparação entre as sociedades industriais modernas e outras sociedades e culturas onde ritos de passagem ocorrem, como transição da infância para a vida adulta. Um exemplo disso é o chamado *bar mitzvah,* momento especial da cultura judaica, em que um menino de 13 anos, passa a seguir os padrões religiosos tradicionais da cultura.

Outrossim, há uma explicação de que, na adolescência, grandes mudanças acontecem em todas as esferas da vida humana. Essas mudanças surgem no período chamado de puberdade, que ocorre por volta dos 11 ou 12 anos. Na puberdade, há um aumento significativo de hormônios sexuais. As suprarrenais entram em ação e uma quantidade maior de androgênios são liberados, de forma que os pelos pubianos, das axilas e da face são estimulados ao crescimento.

Na menina, os ovários produzem maior quantidade de estrogênio, favorecendo o crescimento dos seios e das genitais. No menino, androgênios são fabricados pelos testículos, especialmente, a testosterona, promovendo o crescimento de sua genital. Nota-se que, fisicamente, grandes mudanças acontecem, porém, isso é manifesto, também, de forma muito intensa, nas relações sociais.

3.2 Características da Adolescência (12 aos 14 anos)

Alguns comportamentos costumam ser observados na puberdade, especialmente, dos 12 aos 14 anos. Alterações hormonais, crescimento físico, comer descontroladamente, crescimento desproporcional, por isso, é muito comum que o adolescente bata nas coisas, derrube outras, por seu jeito estabanado de ser naquele momento.

É comum que ocorra, nas meninas, a primeira menstruação,

chamada de menarca. Nos meninos, a primeira ejaculação, liberação do sêmen, do esperma. Isso recebe o nome de espermarca ou semenarca. Especialmente no caso das meninas, é muito importante que a mãe ou quem faz a função materna, oriente a adolescente sobre os procedimentos, caso venha ocorrer na escola ou na igreja, por exemplo. A primeira menstruação costuma ser um marco para a vida da menina e mexe com suas estruturas emocionais, portanto, quanto maior for a tranquilidade com que os responsáveis lidam com a questão, melhor ela lidará com esse novo momento.

A voz do menino começa a mudar. A oscilação entre o grave e o agudo são comuns neste período. Ora, sua voz sai grave como a de um adulto, ora, aguda ou fina, como a de uma criança. Isso pode ser um fator de preocupação para o menino e os pais devem agir com naturalidade, compreendendo que a mudança está acontecendo. Há pais que forçam o menino a falar apenas de forma grave, afinal, está se tornando homem. Isso pode afetar o adolescente, deixando-o retraído nas relações sociais.

No aspecto cognitivo, apesar de assumir um corpo adulto, permanece com características de criança. Pode ficar preocupado com o futuro e, geralmente, torna-se crítico em relação a tudo e a todos. Ele ou ela acredita que pode mudar o mundo. Muitos pais e líderes não compreendem que estes acontecimentos são próprios da fase e que, se souberem tratar com calma e sabedoria, passarão. Por conta disso, muitos conflitos surgem e acabam por trazer desgaste, especialmente, na relação familiar. Pais devem tomar cuidado para que não firam a alma, o emocional e o psicológico do adolescente, pois há marcas que serão carregadas por toda a vida.

Sobre as características sociais e espirituais, Pinho (2019, p. 299) ressalta que:

> Os jovens agora fazem uma profunda diferenciação entre pessoas de sexos diferentes, e começam a se organizar em grupos, bandos e tribos de mesmas afinidades sexuais. [...] os jovenzinhos muitas vezes voltam a demonstrar interesse pelas coisas espirituais. Talvez essa aparente espiritualidade seja mais por racionalidade porque com as mudanças cognitivas os jovens passam a compreender melhor o significado simbólico das coisas espirituais. Esta é a última oportunidade de tentar ganhar o jovenzinho para

> Cristo, antes que comece a fase de terrível de revolta que se apossa deles após os 14 anos.

Observe que o autor está sinalizando algo muito importante: a identificação grupal. É muito comum que, na adolescência, a pessoa se identifique com modos de ser e de agir de um determinado grupo, ou nicho social, também, chamado de tribo. Por isso, nas redes sociais, virtuais ou não, identificam-se adolescentes espelhando-se em bandas, artistas e toda a sorte de grupos. Por isso, a Igreja deve estabelecer boas programações para os adolescentes, de maneira que eles se identifiquem com a fé cristã e queiram estar entre os pares que comungam do mesmo pensamento.

O conselheiro deve estimular os pais a que proporcionem oportunidades de boa integração com grupos saudáveis, especialmente, na Igreja, que pode organizar retiros, passeios, teatro, música, festas, dentre tantas outras coisas que os adolescentes gostam, sendo que, todas estas coisas, devem ser recheadas de ensinamentos da Palavra de Deus, da oração do louvor.

Infelizmente, muitos pais ou líderes, por não saberem lidar com a adolescência, acabam por tratá-los de forma errônea, com base apenas em punição e castigo. São chamados de “aborrescentes”, o que agrava mais a situação. Por outro lado, quando se compreende o potencial destes meninos e meninas e os utilizam, são verdadeiros talentos e instrumentos nas mãos do Senhor Jesus.

3.3 Característica da Adolescência (14 aos 16 anos)

Dos 14 aos 16 anos mudanças acontecem, ao passo que, outras, vivenciadas no período anterior, permanecem. O corpo já começa a adquirir contornos adultos, logo, embora o crescimento ainda ocorra, estabilizou-se o descontrole, conforme vimos anteriormente. Ainda costumam comer bastante. Neste período, surgem muitas espinhas e cravos, mexendo com a autoestima do adolescente.

No aspecto cognitivo, o adolescente consegue trabalhar com o pensamento formal adulto. Logo, ele tem capacidade de reflexão, desenvolve o egocentrismo reformador, achando-se o dono da verdade e da razão e estabelece a reconciliação entre o pensamento formal e a realidade, ou seja, promove um equilíbrio entre o que vive na realidade e o que sente em seu interior (PINHO, 2019).

Nesta fase, é bastante comum que sejam rebeldes, revoltados contra tudo e contra todos. Os pais são ultrapassados e arcaicos, por isso, preferem manter distância do convívio familiar. É um período que costumam confrontar, inclusive, autoridades e pessoas mais velhas.

Às vezes, recoltam-se contra si. As emoções e sentimentos são turbulentos, a ponto de não saberem lidar, ficando inseguros diante de tanta novidade. Devido a isso, buscam complementar a vida afetiva por meio de relacionamentos, como o namoro, por exemplo. Pinho (2019, p. 302) afirma que: "espiritualmente essa fase é terrível, pois é o período em que a maioria dos jovens se desvia dos caminhos do Senhor".

Por isso, é necessário estabelecer programas de atração e envolvimento para com as coisas de Deus, de maneira que o adolescente fique na Casa do Senhor e renuncie aos inúmeros atrativos deste mundo. Não se pode esquecer que Satanás é estrategista e ele tem ardilosamente trabalhado para atrair os adolescentes desta faixa etária, por meio de grupos sociais, músicas, drogas, apelos sexuais, e toda sorte de malignidade. Que o Senhor Deus guarde os nossos adolescentes, dando sabedoria aos pais e aos líderes, nas tratativas com este precioso grupo.

3.4 Característica da Adolescência (16 a 18 anos)

Neste período da adolescência, o corpo atinge os contornos de um adulto, o raciocínio formal se presentifica e os hormônios e impulsos estão à flor da pele, sendo difícil lidar com eles. A capacidade de procriação recebe ênfase e é o período de afirmação das próprias vontades, que chega a refletir rebeldia contra as autoridades (PINHO, 2019).

Este mesmo autor considera que no adolescente deste período:

> Ocorre a consolidação da autoimagem e o estabelecimento de uma identidade pessoal. O jovem já tem noção de quem é, para onde está indo e quais são as possibilidades de chegar lá. [...] além da agilidade mental e inteligência, o jovem e torna mais emotivo e apaixonado por alguém, por algo ou por alguma causa. O jovem passa a ter melhor senso de humor. Substitui a revolta da fase anterior por uma forma de caricatura ao modo como os adultos agem (2019, p. 304).

por meio de personagens que eram santos, fazendo a diferença na geração em que viveram.

Que cada conselheiro seja um agente de atração do adolescente para o Reino de Deus e, consequentemente, à Sua glória! Isso começa a acontecer quando pais e Igreja compreendem que eles não são "aborrescentes" e, sim, adolescentes abençoados, amados do Cristo que entregou Sua vida para salvá-los e vivo está para abençoá-los!

Questão para reflexão

Em sua opinião, quais são os grandes desafios que o adolescente enfrenta no mundo moderno? Comente.

CAPÍTULO 4

Compreendendo a Juventude e a Vida Adulta

Quando não se é criança mais, nem adolescente, o que se tem a fazer é encarar a vida adulta com sua beleza e seus desafios. Verdadeiramente, a partir da juventude o foco muda, frente ao que se tinha vivido, até então. Na mocidade, sonhos e projetos começam a ganhar contornos, tais como, a escolha profissional, o casamento, a compra da casa ou do primeiro carro, dentre outros. Com a chegada da fase adulta, a preocupação gira em torno do crescimento dos filhos, da educação, da saúde, a manutenção do emprego, dentre outros. Neste capítulo, serão apresentadas as principais características da juventude e da vida adulta, a fim de que o conselheiro tenha ferramentas para trabalhar com estes públicos.

4.1 A juventude

A juventude ou início da vida adulta é o período da vida que se estende do fim da adolescência até por volta dos vinte e cinco anos. Segundo Collins (2012, p. 214):

> É um período de muitas satisfações em termos de amor, sexualidade, vida familiar, progresso profissional,

> criatividade e realização dos objetivos principais da vida, mas também pode ser uma fase de intenso estresse. [...] Em torno dos vinte e um anos, os adultos jovens se veem entrando no mundo dos adultos e sentem necessidade de tomar decisões práticas. É durante esses anos, na casa dos vinte anos, que a maioria das pessoas toma decisões sobre casamento, filhos, emprego e moradia. Em geral, as opções são muitas e, às vezes, as decisões tomadas são precipitadas ou se baseiam em circunstâncias transitórias, o que traz muito arrependimento no futuro.

O autor demonstra que a juventude é esse período marcado por muitos acontecimentos e é preciso considerar que parte desses eventos terão repercussão por toda a vida adulta e velhice, até a chegada da morte. As escolhas que são feitas na juventude dizem respeito aos aspectos mais fundantes da existência, tais como, carreira profissional, definindo o trabalho a executar; o casamento, a aquisição de bens e imóveis, dentre outros.

Porém, é importante que se reflita sobre os riscos das más escolhas feitas neste momento. As escolhas feitas às pressas, ou, escolhas feitas pelo critério da aparência ou do poder econômico, podem gerar um casamento fracassado. Por outro lado, escolher casar-se com uma pessoa sem trabalho, sem renda e sem perspectivas, apenas em nome do sentimento amor pode trazer frustração e ruptura.

O aspecto profissional também é de extrema importância. Estudar ou não estudar é uma decisão a ser tomada. Se o caminho do estudo foi escolhido, por onde trilhar? Qual curso fazer? Com que área de trabalho o jovem se identifica? Não são poucas as pessoas que começaram um curso e, ao longo do caminho desistiram porque não se viam atuando naquilo pelo qual estavam estudando.

Por outro lado, há aqueles que não querem estudar e se submetem a empregos que não exigem formação específica. Há jovens que abraçam o empreendedorismo e vão em busca da realização dos próprio negócio e fonte de renda. A certeza que se tem é que é preciso correr atrás do sustento e dos meios de crescimento na vida. Segundo Pinho (2019) a juventude pode ser dividida em duas etapas: adulto jovem 1 – período que se estende dos 18 aos 21 anos e, adulto jovem 2, dos 21 aos 25 anos. Veja algumas características de cada etapa, segundo o autor.

Quadro 01 – Características do Adulto Jovem 01 (18 a 21 anos)

Físicas	Cognitivas	Emocionais	Comportamentais	Sociais	Morais e Espirituais
Esqueleto para de crescer	Córtex frontal em fase final de formação	Sem controle pleno das emoções	Ainda não avalia a responsabilidade dos próprios atos	Diferencia pessoas de sexos diferentes	Formação de valores incompleta
Atinge a estatura máxima	Alteração no modo de pensar	Sem controle pleno dos sentimentos	É agitado e aventureiro	Sai de casa para novos convívios	
Adquire mais massa muscular	Torna-se mais observador		Gosta de agir como super-homem/mulher	Envolve-se em namoro	
As extremidades ficam menos evidentes que na adolescência (nariz, pé, mão, queixo etc.).	Torna-se mais crítico e continua sendo sonhador e idealista	Não consegue entender a responsabilidade pelo controle das mesmas	Por já ser adulto, pode se sentir independente, a ponto de se indispor com autoridades constituídas, como os pais, por exemplo.	Época das forças armadas.	Pode demonstrar pouco apreço ou interesse pelas coisas espirituais.

Fonte: Elaborado pelo autor, 2022, com base em Pinho, 2019.

Como se pode observar no quadro 1, o jovem de 18 a 21 anos está atravessando diversas situações importantes para a sua história de vida. O Conselheiro pode e deve ser um facilitador, aquele que ajuda este jovem a pensar em suas decisões, haja vista que é um momento que pode suscitar muita indecisão e insegurança.

O quadro 2 demonstra como pensa, sente e se comporta o jovem adulto 2. Pode-se perceber que há diferenças significativas em relação ao quadro 1, mesmo que a idade seja bem próxima.

Quadro 02 – Características do Adulto Jovem 2 (21 a 25 anos)

Físicas	Cognitivas	Emocionais	Comporta-mentais	Sociais	Morais e Espirituais
Esqueleto para de crescer	Encara o mundo adulto	Controla melhor seus sentimentos	Não é tão agitado	Profissão definida	Pode demonstrar pouco interesse espiritual
Vigor físico	Não é sonhador	Controla melhor suas emoções	Não é tão aventureiro	Casamento firmado	
Corpo adquiriu maior massa muscular	Não é idealista	Entende a responsa-bilidade pelo controle das mesmas	Foco no trabalho	Envolvi-mento social é mais seletivo	
As extremidades não são tão evidentes como antes, salvo alguma condição de má formação	Preocupa-se com o casamento, profissão e outras decisões importantes a serem tomadas	Trabalha pela independência econômica e procura casamen-to, mais movido pelo impulso que pelo desejo de construir família	Foco na família	Concretiza ideias e objetivos, assumindo seu papel na comunicade	Pode demonstrar interesse pelas coisas espirituais, pela necessidade de ajuda nas decisões

Fonte: Elaborado pelo autor, 2022, com base em Pinho, 2019.

É evidente que as características podem alternar para cada jovem adulto, ou seja, não necessariamente todos serão da mesma forma ou agirão da mesma maneira. Por exemplo, embora haja jovens que não são tão voltados aos valores espirituais, pois o foco está posto nas conquistas, nas decisões de carreira, casamento etc., há muitos outros que se dedicam ao exercício da espiritualidade, tendo-a mais apurada. Há centenas de jovens priorizando as questões espirituais, a fim de receberem direcionamento para as suas vidas.

O conselheiro continua sendo aquele que exercerá um papel preponderante no suporte a este jovem que tem diante de si, vários desafios. A acolhida, a escuta e os ingredientes espirituais, tais como a oração e a instrução na Palavra de Deus farão toda a diferença na tomada de decisão que precisa ser feita adiante.

4.2 A vida adulta

A vida adulta, propriamente dita, é o período em que a pessoa está em amplo ritmo existencial, quer seja por meio da intensa atividade do trabalho, quer seja pela manutenção da família e educação dos filhos. Pinho (2019) apresenta a divisão da vida adulta em três etapas: 1. Adulto pleno (25 aos 35 anos); 2. Adulto sênior 1 (35 aos 48 anos) e, por fim, adulto sênior 2 (dos 48 aos 60 anos). Veja as principais características de cada fase:

Quadro 03 – Adulto Pleno (25 a 35 anos)

Físicas	Cognitivas	Emocionais	Comportamentai	Sociais	Espirituais
Vigor físico	Inserido plenamente no mundo adulto	Sinais de estafa podem surgir - ansiedade	Foco no trabalho	Foco na constituição da família	Crenças e valores mais intensos que outrora
Fase de engordar	Foco nos estudos e no trabalho	Frustração por não atingir os objetivos	Foco na família	Volta à proximidade de pais, irmãos e parentes diretos	Mulheres mais intensas na vida espiritual

Cabelos brancos	Desejo de independência econômica e pessoal	Sobrecarga pela chegada dos filhos	Período de maiores realizações na vida. Perigo de deslizes comportamentais	Envolvimentos sociais mais seletivos	Vida espiritual adquire maior forma mediante os problemas
Calvície				Envolvimento com colegas de trabalho	Vida espiritual adquire maior forma com a necessidade de criar os filhos

Fonte: Elaborado pelo autor, 2022, com base em Pinho, 2019.

Quadro 04 – Adulto Sênior (35 aos 48 anos de Idade)

Físicas	Cognitivas	Emocionais	Comportamentais	Sociais	Espirituais
Diminuição do vigor	Fase racional	Período de problemas emocionais e psicossomáticos	Foco no trabalho e independência financeira	Mudança familiar	Reconhece a importância dos valores
Ganho de peso	Preocupação em guiar e orientar a próxima geração	Filhos, especialmente, os adolescentes, podem afetar o emocional dos pais	Pessoas podem se envolver em relacionamentos extraconjugais e sofrer as consequências	Envolvimentos sociais podem diminuir	Reconhece a importância dos princípios e crenças
Sinais da Velhice: cabelos brancos, calvície e rugas	Fase de maior produtividade e criatividade	Problemas de divórcio e recasamentos	Período de dificuldades de relacionamento na família: casal, filhos etc. Podem acontecer rupturas nesta fase.	Alterações sociais	Período de se voltar para as coisas espirituais

Alterações hormonais e perda da libido	Consciência de que a metade da vida passou. Primeiros contatos com a velhice.		Alto índice de divórcios e recasamentos.	Muitos já não têm os pais e não têm tantos amigos	Os entusiasmos da vida estão passando e perdendo o valor de outrora

Fonte: Elaborado pelo autor, 2022, com base em Pinho, 2019.

A última fase deste período, que será apresentada no quadro 05, é chamada de Adulto Sênior 2, onde as características marcantes são o climatério, a menopausa e a andropausa. Neste período, embora a pessoa ainda esteja sendo atuante, especialmente, no âmbito profissional, o seu físico começa a sentir os efeitos do tempo, entrando em declínio (PINHO, 2019).

Quadro 05 – Adulto Sênior 2

Físicas	Cognitivas	Emocionais	Comporta-mentais	Sociais	Morais ou Espirituais
Vigor e altura diminuídos	Independência econômica e social, porém, quem não alcançou, costuma adaptar-se às limitações	Muitos já foram acometidos de depressão, ansiedade e estresse.	Foco na aposentadoria	Envolvi-mentos sociais diminuem	Percepção da importância dos valores, crenças e princípios de vida
Ganho de peso, embora tenha havido perda de massa muscular	Pensamentos voltados à aposentadoria	Os filhos adultos podem trazer problemas, afetando o emocional dos pais	A pessoa passa a descansar nas conquistas já obtidas e não é mais tão afoita para realizações.	A descoberta da solidão	Maior Predisposição à busca das coisas espirituais

Sinais de velhice: cabelos, rugas, flacidez e maior curvatura na coluna vertebral	Ainda é uma fase de realizações mentais profundas e significativas	Período em que muitos casamentos passam por crises, separações, divórcios e novos casamentos.		Período de alterações sociais: amigos em menor quantidade, filhos crescidos etc.	A pessoa pode ter maior dificuldade em mudar de religião.
Alterações hormonais e no ciclo do sono					

Fonte: Elaborado pelo autor (2022), com base em Pinho (2019).

Os quadros apresentados ajudam o conselheiro a compreender como o desenvolvimento humano se dá neste período importante da vida. Desta forma, é preciso que se esteja preparado para acolher e auxiliar, nas mais diversas demandas, àqueles que estão em busca de suporte. Mais uma vez, é importante reiterar que cada ser humano é único, porém, esses comportamentos, embora possam se diferenciar nas manifestações individuais, refletem as características ou os aspectos de cada fase.

No próximo capítulo, serão apresentados os principais fatores que envolvem outro importante momento da existência: a velhice.

Questão para reflexão

Em sua opinião, como o conselheiro pode auxiliar pessoas que estão atravessando este período da vida?

CAPÍTULO 5

Compreendendo a Velhice

Envelhecer é um dos maiores privilégios da vida humana! A velhice pode representar ampla experiência de vida, quando a pessoa terá colecionado muitas coisas importantes, tais como, família sólida, com filhos, netos e, até mesmo, bisnetos ou tataranetos; uma carreira profissional robusta, posição social, dentre tantos outros elementos. Por outro lado, para muitos, a velhice pode significar a perpetuação do sofrimento, por terem vivido na privação e na falta de recursos. Independentemente da situação, certamente, chegar à velhice é uma bênção de Deus para o Homem. O conselheiro se deparará, cada vez mais, com as possibilidades de atendimento aos idosos, que carecem de ajuda, de escuta e, até mesmo, de orientação. Neste capítulo, serão apresentadas as características que envolvem esta fase rica da existência, mas, que sinaliza, também, a decrepitude da vida.

5.1 A velhice e Bíblia

A Palavra de Deus trata amplamente da velhice. Logo no primeiro livro, Gênesis, é possível identificar homens que viveram muitos anos, tais como, Matusalém, Noé, dentre tantos outros. Basta ler a genealogia que será possível constatar as mais diversas idades que apontam para a longa existência que tiveram.

Há vários versículos bíblicos apontando para o a velhice, conforme alguns abaixo:

"Não me rejeites na minha velhice; não me abandones quando se vão as minhas forças" (Sl 71.9).

"Agora que estou velho, de cabelos brancos, não me abandones, ó Deus, para que eu possa falar da tua força aos nossos filhos, e do teu poder às futuras gerações" (Sl 71.18).

"Os anos de nossa vida chegam a setenta, ou a oitenta para os que têm mais vigor; entretanto, são anos difíceis e cheios de sofrimento, pois a vida passa depressa, e nós voamos" (Sl 90.10)

"Vida longa eu lhe darei, e lhe mostrarei a minha salvação" (Sl 91.16)

"Os filhos dos filhos são uma coroa para os idosos, e os pais são o orgulho dos seus filhos" (Pv. 17.6).

"Mesmo na sua velhice, quando tiverem cabelos brancos, sou eu aquele, aquele que os susterá. Eu os fiz e eu os levarei; eu os sustentarei e eu os salvarei" (Is 46.4).

"Ensine os homens mais velhos a serem moderados, dignos de respeito, sensatos e sadios na fé, no amor e na perseverança" (Tt 2.2).

Tantos outros textos poderiam ser citados aqui, porém, é possível perceber a clareza com que a Palavra de Deus trata do assunto. Todavia, há o clássico texto de Eclesiastes 12. 1-7:

> Lembra-te também do teu Criador, nos dias da tua mocidade, antes que venham os maus dias, e cheguem os anos dos quais venhas a dizer: não tenho neles contentamento; antes que escureçam o sol, e a luz, e a lua, e as estrelas, e tornem a vir as nuvens depois da chuva; No dia em que tremerem os guardas da casa, e se encurvarem os homens fortes, e cessarem os moedores, por já serem poucos, e escurecerem os que olham pelas janelas; E as portas da rua se fecharem por causa do baixo ruído da moedura, e se levantar à voz das aves, e todas as filhas da música se abaterem. Como também quando temerem o que é alto, e houver espantos no caminho, e florescer a amendoeira, e o gafanhoto for um peso, e perecer o apetite; porque o homem se vai à sua casa eterna, e os pranteadores andarão rodeando pela praça. Antes que se rompa o cordão de prata, e se quebre o copo de ouro, e se despedace o cântaro junto à fonte, e se quebre a roda junto ao poço, E o pó volte à terra, como o era, e o espírito volte a Deus, que o deu.

Sem sombra de dúvida, este clássico texto aponta para a velhice, quando os sinais do findar da existência são evidentes. Collins (2012, p. 249) afirma que:

> Talvez Eclesiastes 12 seja o mais fiel retrato bíblico da velhice. Perto da virada do século vinte, o psicólogo G. Stanley Hall afirmou que essa era a descrição mais pessimista da velhice já escrita, em todos os tempos, mas ela também é realista. A passagem nos diz que pessoas idosas não se alegram com sua idade. Os dias podem ser nebulosos, a força se esvai e a proximidade da morte se torna mais perceptível. Entretanto, não é tudo uma moderna "vaidade de vaidades". Toda pessoa, inclusive, um idoso, pode encontrar significado na vida quando teme a Deus e guarda os seus mandamentos. Embora os jovens tenham força, os velhos devem ser respeitados por sua sabedoria e experiência.

Diante disso, evidentemente, constata-se a beleza da velhice que se mantém intacta, mesmo permeada por desafios, especialmente nos tempos pós-modernos onde a tecnologia e a velocidade da vida imperam. Os conselheiros precisam ser canais de bênção e edificação para aqueles que chegaram até aqui. Portanto, além dos sinais físico-corporais, é necessário entender como reagem na vida psicológico-emocional, na vida espiritual e nos relacionamentos. É o que veremos a seguir.

5.2 Fases do envelhecimento

Pinho (2019) divide em fases o processo de envelhecimento. A primeira, é a velhice, que se estende dos 60 aos 75 anos. A segunda, a senilidade ou geriátrica, dos 75 aos 90 anos e, por fim, a granvelhice, acima dos 90 anos. Os quadros 06, 07 e 08 apresentam as principais características de cada fase.

Quadro 06 – Velhice (60 a 75 anos)

Físicas	Cognitivas	Emocionais	Comportamentais	Sociais	Morais e Espirituais
Vigor físico e altura diminuem	Precisa aceitar que perderá a independência econômica e pessoal	Muitos passaram por ansiedade, depressão ou estresse	Realizações decrescem	Diminuição considerável das relações sociais	Maior dificuldade em mudar de religião
Perda de gordura e flacidez na pele	Ainda pode ser uma fase de realizações mentais profundas e significativas	Quadros emocionais oupsicossomáticos	Passa a viver do passado, pois não vê muito futuro pela frente	A solidão pode ser a companhia nesta fase	Muitos vão à presença de Deus nesta fase
Visão, audição, tato etc., diminuem bastante	Ainda pode lançar-se a projetos e aventuras novas	Presença dos netos trazem novo sentido para a vida dos avós		A morte do cônjuge faz enxergar a finitude da própria vida	A morte é vista como natural, para quem viveu com sabedoria e realização
Reflexos mais lentos	Perde o ânimo para novos aprendizados				
Sinais físicos da velhice são evidentes	Pode criar aversão a novidades, principalmente, as tecnológicas.				
Tendência a fraturas, mediante queda					
Narcolepsia (sono durante o dia) e insônia mais presentes					

Fonte: Elaborado pelo autor, 2022, extraído de Pinho, 2019.

Quadro 07 – Terceira Idade II – Senilidade ou Geriática (75 a 90 anos)

Físicas	Cognitivas	Emocionais	Comporta-menta	Sociais	Espirituais
Vigor físico passou	Perda da independência econômica e social	Estresse, ansiedade e depressão em muitos	Vida em função do passado	Envolvimento social menor	Desapego material e a morte é o caminho para chegar a Deus
Limitações físicas maiores, perigo de fraturas	Capacidade de raciocínio e realizações mentais amplamente diminuídas	Problemas emocionais e psicossomáticos		Solidão pode ser companhia, perigo do abandono por filhos e netos	A morte é vista como natural, para quem viveu com sabedoria e realização
Doenças geriátricas e perda total da libido	Perda do ânimo para novos aprendizados				
Narcolepsia e Insônia					

Fonte: Elaborado pelo autor, 2022, extraído de Pinho, 2019.

Como se pode observar, apesar das diferenças de idade, alguns quadros se mantém, embora, com o passar dos anos, os sintomas podem ser acentuados. Feliz daquele que consegue chegar à velhice e ter a clareza de que serviu a Deus, honrou a família e construiu um legado. Quando a morte se aproximar, a fim de que se entre na verdadeira vida, a eterna, na presença do Pai, certamente, terá seu desfecho terreno com paz e satisfação.

Por fim, há aqueles que ultrapassam a idade de 90 anos chegando à chamada granvelhice. Há estudiosos que retrocedem a granvelhice, chegando a considerá-la a partir dos 85 anos. O quadro 08 demonstra as principais características deste momento da vida.

Quadro 08 – Terceira Idade III – Granvelhice (90 anos em diante)

Físicas	Cognitivas	Emocionais	Comportamentais	Sociais	Morais e Espirituai
Limitações acentuadas	Aceitação da perda da independência econômica e pessoal	Estresse, ansiedade e depressão em muitos	O futuro não é visto	Diminuição significativa das relações sociais e aceitação por parte do idoso	Desapego material e a morte é o caminho para chegar a Deus
Não vê a morte como o fim da vida	Capacidade de raciocínio e realizações mentais mínimas	Problemas emocionais e psicossomáticos	Canseira e enfado	Solidão é companhia	A morte é vista como natural, para quem viveu com sabedoria e realização
A morte vista como libertação do sofrimento e luta				Abandono por parte dos filhos e netos, que estão construindo suas vidas	

Fonte: Elaborado pelo autor, 2022, extraído de Pinho, 2019.

Como não ter um olhar de amor e graça para com a velhice? Como não acolher, tratar, conversar, ouvir, estabelecer programações para esta fase tão rica da vida. Cada ruga contém uma história, cada fio de cabelo branco, um rastro de eventos e acontecimentos. O olhar cansado já assistiu cenas e cenas, eventos e mais eventos, sejam eles bons, ruins, catastróficos ou inimagináveis, enfim, a velhice é sinônimo de alguém que, de fato, viveu.

Vale refletir no que Lopes (2017, p. 63) afirma: "Estar preparado física e espiritualmente para a velhice, removendo os obstáculos da vida, mantendo-se ativo com a mente ocupada, permite um envelhecer sem sofrimento. Ser velho não significa ser inútil; pelo contrário, significa experiências acumuladas".

A expectativa de vida humana tem crescido consideravelmente. No Brasil, por exemplo, a população idosa cresce, rompendo os limites estabelecidos outrora para a morte. Sendo assim, há uma demanda que carecerá de ajuda, de orientação, de suporte e, especialmente, de amor, escuta, acolhida, oração, louvor, leitura e meditação na Palavra. Aqui entra o conselheiro, o servo de Deus preparado para esta boa obra. Com toda a certeza, cada vez que o conselheiro se sentar para desempenhar seu papel, ele é que sairá mais experiente, mais fortalecido e mais pronto para enfrentar os desafios impostos pela existência.

Questão para reflexão

Em sua opinião, a Igreja tem se preparado para lidar com a velhice? Há programas específicos, voltados para esta faixa etária? Justifique sua resposta.

PRÁTICAS DE ACONSELHAMENTO

Chegamos na última unidade desta disciplina. Até o presente, foi possível identificar vários fatores que são essenciais para que um bom processo de aconselhamento aconteça. Nesta Unidade serão tratados assuntos voltados à prática do aconselhamento, a partir de alguns temas que são emergentes na sociedade e, consequentemente, na Igreja.

Para tanto, no primeiro capítulo, abordar-se-á um tema de extrema relevância, dado o significativo aumento do número de pessoas que sofrem com o Transtorno de Ansiedade. No segundo capítulo, tratar-se-á sobre um dos principais males deste tempo, a depressão, que, junto à ansiedade, são classificadas como sendo as doenças do século.

No terceiro capítulo, refletir-se-á acerca das questões familiares e de casais. A convivência matrimonial é um desafio que, se não cuidado, pode causar desgastes e, até mesmo, rupturas no casamento. Ainda neste contexto, tem-se a criação de filhos, com todos os fatores que envolvem essa criação. Sobre a educação de filhos, o capítulo quatro traz informações importantes que servirão de suporte ao conselheiro, a fim de que compreenda os mecanismos que envolvem a relação familiar.

Para fechar, no quinto capítulo, será apresentado o luto, período doloroso da vida em que perdas significativas ocorrem, sendo necessário lidar com essas perdas a fim de que se tenha qualidade de vida. Bons estudos!

CAPÍTULO 1

Aconselhando quem sofre de Ansiedade

Você sofre com a ansiedade? Conhece quem sofra? Sentir ansiedade é normal? Quando passa a ser doentia ou patológica? A Bíblia condena a ansiedade? Sou cristão e sinto ansiedade, então, estou em pecado ou, não tenho fé? De fato, estas questões pairam sobre a mente de muitos servos de Deus que, por não compreenderem sobre o assunto, acabam por ficar perdidos, sentindo-se até mesmo em dívida com o Senhor, haja vista que são ensinados que devem lançar toda a ansiedade sobre o Todo Poderoso (I Pe. 5.7). Neste capítulo, aprender-se-á sobre o que, de fato, é a ansiedade, seus tipos, sintomas e como deve ser tratada pelo conselheiro no âmbito do aconselhamento.

2.1 O que é a ansiedade?

É comum, no cotidiano, ouvir pessoas falando em ansiedade por diversos motivos. Há aqueles que não usam a palavra "ansiedade" propriamente dita, antes, referem-se a uma pessoa ou a si usando expressões tais como: nervosa, inquieta, agitada, dentre outros. Para tanto, é importante compreender, tecnicamente, o que vem a ser a ansiedade.

Segundo Lopes (2017, p. 171):

> Ansiedade é um termo utilizado para descrevermos a experiência subjetiva de uma tensão desagradável

> e de inquietação que acompanham o conflito ou ameaça psíquica. Trata-se de um estado emocional normal, uma característica biológica da conduta humana, sentida como antecipação a momentos de perigos reais ou imaginários.

O autor começa explicando que a ansiedade é uma experiência subjetiva, ou seja, individual, própria de cada um. Certamente, embora se utilize a palavra ansiedade para diversas situações humanas, cada ser humano tem suas manifestações ou interpretações da realidade que acabam por deixá-lo ansioso.

Outrossim, há uma tensão, um estado de desarmonia psíquica, gerando preocupação e angústia. Essa tensão pode ser oriunda de fatores internos e externos, ou seja, o indivíduo sente-se ameaçado por algo que está fora de si, portanto, no exterior, ou, por algo que esteja dentro de si, em sua mente.

Isso é importante compreender porque não são apenas os fatores externos que geram ansiedade, tais como: uma entrevista de emprego, uma conversa séria sobre determinado assunto, uma prova, dentre outros. A representação do perigo ou da ameaça pode estar sendo desencadeada por fatores internos, na mente da pessoa, logo, seus pensamentos, que são fruto de situações que representam ameaça ou insegurança, podem despertar sintomas ansiogênicos.

Correia (2013) sinaliza que para a psicanálise, a ansiedade está conectada à dificuldade que a pessoa tem de trazer harmonia entre o que ela sente para com as demandas do mundo externo, ao passo que, para linhas teóricas humanistas da psicologia ela se instala mediante à percepção que o indivíduo tem dos fatores externos.

Diante disso, compreende-se que a ansiedade tem fatores multicausais e multifacetados, portanto, é algo complexo que precisa ser compreendido pelo conselheiro, a fim de que consiga auxiliar quem está em sofrimento. A falta de compreensão sobre a ansiedade tem feito com que discursos não embasados na ciência e na Bíblia sejam feitos, ocasionando mais dor e sofrimento para aquele que está sofrendo deste mal.

É importante que se compreenda que sentir ansiedade é normal. O senso comum costuma-se referir a ela sempre como algo ruim e negativo, porém, na verdade, a ansiedade nos move para a vida. Sem a ansiedade você sequer, provavelmente, estaria estudando esta disciplina.

A questão começa a ficar comprometedora quando a ansiedade

começa a fugir daquilo que se considera normal, passando a causar sofrimento extremo, a ponto de paralisar o funcionamento da pessoa. Quando a vida começa a parar, fazendo com que o indivíduo deixe de produzir, de trabalhar, de estar na Igreja e em outros convívios sociais, um sinal de alerta precisa ser emitido para que seja tratado.

2.2 Sintomas da Ansiedade

A ansiedade é conhecida por seus variados sintomas que trazem sofrimento ao ser humano. A sintomatologia é vasta e, não raras vezes, as pessoas não conseguem identificar que determinados sentimentos e reações fisiológicas que elas têm, podem estar diretamente ligados à ansiedade.

Segundo Collins (2012, p. 90):

> A ansiedade é uma sensação interna de apreensão, insegurança, preocupação, inquietação e/ou temor que é acompanhado de elevada excitação física. Em períodos de ansiedade, o corpo fica em estado de alerta, pronto para fugir ou lutar. O coração bate mais depressa, a pressão sanguínea e a tensão muscular se elevam, ocorrem trocas químicas e intercâmbio de sinais neurológicos, às vezes, ocorre aumento da transpiração, a pessoa pode se sentir fraca, nervosa e incapaz de relaxar. A ansiedade pode surgir em resposta a um perigo identificável (muitos autores usam a palavra "medo", neste caso, em vez de ansiedade), ou pode ser uma reação a uma ameaça imaginária ou desconhecida. Este último tipo de ansiedade tem sido denominada "flutuante; a pessoa ansiosa sente que algo terrível irá acontecer, mas não sabe o que é, nem por que vai acontecer.

Como se observa, os sintomas psíquicos e físicos são reais e refletem variadas manifestações. Há pessoas que sentem poucos sintomas, ao passo que, outras, são dominadas por vários deles, refletindo em profundo estado de angústia e dor. A ansiedade é algo desencadeado no psíquico, com reflexos corporais. Perceba, no quadro abaixo, as manifestações psíquicas e físicas da ansiedade:

Quadro 09 – Sintomas de Ansiedade

Sintomas Psíquicos da Ansiedade	Sintomas Físicos da Ansiedade
Apreensão	Taquicardia (coração acelerado)
Medo constante	Boca seca
Preocupação	Vertigem
Dificuldade de Concentração	Falta de ar / respiração ofegante
Nervosismo	Tontura
Sensação de que algo ruim vai acontecer	Formigamento nas mãos e pernas
Descontrole sobre os pensamentos	Sensação de desmaio
Preocupação exacerbada sobre a realidade	Diarreia
Sensação de perda do controle	Tremores
Irritabilidade	Tensão muscular
Pânico	Dificuldade para dormir (insônia)
Medos e preocupações irracionais	Perda ou aumento do apetite
Preocupações extrema com situações sociais	Enjoos e vômitos
Pensamento focado no futuro	Dor no peito

Fonte: Elaborado pelo autor, 2022.

Como se pode observar, são muitos os sintomas que podem estar ligados à ansiedade. Cruz (1999, p. 135) orienta que:

> Se você é visto como alguém de estopim curto, que anda sempre com os nervos à flor da pele, e tem muita dificuldade para relaxar, provavelmente chegou a hora de procurar um médico para avaliar

> esse estado permanente de tensão e ansiedade. Se você cobra muito de si mesmo, está sempre inquieto, envolvido em inúmeras tarefas e pressionado pelos compromissos, tente pôr ordem não só na sua agenda, mas também na sua rotina de vida, sem se esquecer de reservar um tempo para o lazer. Se não conseguir sozinho, não se envergonhe e peça ajuda.

A autora recomenda que o indivíduo que se encontra neste padrão de comportamento, busque ajuda. Aqui entra o papel do conselheiro, pois muitos cristãos e, até mesmo, não cristãos, vão em busca de seu socorro e ajuda. Portanto, o conselheiro precisa identificar quando a ansiedade está presente, a fim de oferecer suporte para este indivíduo que está em intenso sofrimento.

O conselheiro pode e deve acolher, compreender a situação e ajudar a pessoa a lidar com esta realidade. Todavia, é necessário que ele também esteja consciente de seus limites na ajuda. Com isto, quer-se de dizer que dependendo do caso, além do acompanhamento espiritual, será necessário o encaminhamento para tratamento médico especializado. O conselheiro precisa reconhecer suas limitações técnicas e não agir como super espiritual ou super-homem, colocando-se na posição de quem resolverá tudo. Esse sentimento de onipotência revela a imaturidade e caráter infantil do conselheiro.

Quadros de ansiedade elevados demandam o acompanhamento de um profissional da Psicologia, que tem ferramentas e técnicas para o manejo do transtorno. Outrossim, dependendo da gravidade da situação será necessário fazer uso de medicação, com remédios denominados “ansiolíticos”, que ajudam a remir os sintomas. Somente o médico é o profissional competente e habilitado para prescrever essas medicações e, no caso da saúde mental, geralmente o psiquiatra e o neurologista. O profissional médico, mesmo que não seja da Psiquiatria, poderá prescrever, porém, o Psicólogo não.

Logo, jamais o conselheiro deve recomendar algum remédio, pois, se assim o fizer, estará se comprometendo e cometendo um grave erro. Também, deve orientar o aconselhando a não tomar remédios por conta própria, quer essa medicação tenha feito bem para um amigo ou um parente. O organismo é diferente e, as reações também são.

O conselheiro poderá receber em seu gabinete pessoas que já fazem uso de medicação controlada para a ansiedade. É seu dever orientar que a pessoa continue tomando, seguindo à risca a prescrição médica.

Jamais deve falar para a pessoa tirar o remédio por conta própria, parando de tomá-lo. Se o conselheiro fizer isso em nome da fé, causará danos ao indivíduo e não engrandecerá o nome do Senhor Deus.

É importante compreender que quando uma pessoa para de tomar o remédio por conta própria, por horas e até dias, permanecerá bem, haja vista que a medicação ainda está surtindo efeito em seu organismo, portanto, poderá afirmar que está bem, curada e que não precisa mais, de fato, da medicação. Porém, na medida em que o remédio acaba poderá ter crises e recaídas muito fortes. Sabedoria sempre!

O médico é o profissional que tem o poder de suspender, retirar, ajustar ou trocar a medicação, quando esta não se adequa ao organismo do paciente. O processo de retirada do remédio é conhecido, no dia a dia, por "desmame", ou seja, ocorre de forma gradativa, aos poucos. Se o indivíduo toma um comprimido inteiro, passará a tomar a metade por um tempo, depois, um quarto, até que fique sem a medicação de vez. Isso sendo feito, com acompanhamento médico, será benéfico para o paciente.

Esta compreensão é fundamental para o conselheiro, pois, agindo desta maneira, ele será honrado, tido por sábio e, consequentemente, suas ações glorificarão o nome de Jesus Cristo. Na contrapartida, se assim não proceder, além de prejudicar o aconselhando, fará com que o Evangelho e a Igreja do Senhor sejam escarnecidos, zombados, sendo que o conselheiro poderá responder por seus atos equivocados. Sabedoria e prudência sempre!

2.3 Tipos de Ansiedade

A ansiedade pode ser classificada de diferentes formas. Na literatura médica e psiquiátrica, há o DSM-V, utilizado amplamente também por psicólogos no reconhecimento dos transtornos mentais. Os principais transtornos ligados à ansiedade são:

2.3.1 Transtorno de Ansiedade Generalizada

No TAG – Transtorno de Ansiedade Generalizada, a pessoa se apresenta e se comporta tensa e apreensiva o tempo todo. Alguns dos sintomas são: impaciência, palpitações, sudorese, preocupação intensa e fixa, dificuldade de concentração, vazio na cabeça, dentre outros.

2.3.2 Transtorno do Pânico

Acerca do Transtorno do Pânico, considere a explicação trazida por Pinho (2019, v. 2, p. 78). De acordo com este autor, o pânico:

> caracteriza-se por ataques recorrentes de ansiedade grave (ataques de pânico). Tais ataques podem ocorrer diante de uma situação ou circunstância específica, como também sem que haja qualquer fator desencadeador, isto é, os ataques são totalmente imprevisíveis. No caso do pânico se manifestar em função de uma crise depressiva, deve-se considerar que o mal é a depressão, e o pânico é um dos seus sintomas.

Os principais sintomas do Transtorno de Pânico, além dos sintomas apresentados no Transtorno de Ansiedade Generalizada – TAG, são: sensação de estar sendo asfixiado, sentimentos de irrealidade, medo iminente de morrer ou de perder a lucidez, ficando louco, muita palpitação e dores no tórax, além de tontura.

2.3.3 Transtornos Fóbicos

Nestes transtornos, a ansiedade é desencadeada por situações que, na prática, não representam nenhum perigo real, porém, o imaginário da pessoa evoca pensamentos que contribuem para que a crise de ansiedade se manifeste. Fobias são medos irracionais que acabam por prejudicar o funcionamento de um ser humano. Esse medo irracional causa desespero e sofrimento. Por exemplo, existem pessoas que têm medo de animais e insetos, como a barata. Quando expostas a essas situações entram em quadros de desespero.

Alguns dos sintomas ligados aos Transtornos Fóbicos são: sensação de desmaio, asfixia, tremores, insônia, palpitações, dentre outros. No caso da Fobia Social, que é o medo da exposição pública, a pessoa pode sentir náuseas, rubores e desejo de urinar.

2.3.4 Agorafobia

A Agorafobia é o medo de estar em locais públicos, entre muitas pessoas. Uma pessoa com Agorafobia sente extremo medo e sofrimento em ir para o *shopping center*, para a Igreja, viajar de ônibus e avião sozinha, dentre outros. Com isso, desenvolve um comportamento evitativo, fazendo com que não queira sair de casa.

Geralmente, a Agorafobia se desenvolve após um episódio de pânico, ou de fobia social, depressivo ou obsessivo (PINHO, 2019). A pessoa com Agorafobia, por ter comportamento evitativo, não costuma ter quadros de ansiedade aguda e, quando precisa se expor, a ansiedade a leva a desenvolver comportamentos de fuga.

2.3.5 Transtorno Obsessivo-Compulsivo – TOC

O Transtorno Obsessivo-Compulsivo é caracterizado pela presença de pensamentos perturbadores (obsessivos) que levam o indivíduo a desenvolver rituais ou comportamentos (compulsivos), para aliviar esses pensamentos. Alguns exemplos são: lavar as mãos ou tomar banho demasiadamente, conferir, por diversas vezes, se a porta da sala ou da casa está fechada, se o piso de uma calçada tem duas cores e o indivíduo pisou em uma delas, todos os demais pisos a serem pisados naquela calçada deverão ser da mesma cor etc.

Pinho (2019, v. 2, p. 84) explica que:

> Os comportamentos e os rituais compulsivos são gestos e atividades repetitivas, estereotipadas e desprazerosos. A pessoa sabe que tais comportamentos são absurdos e inúteis, e não levam a coisa alguma, mas não conseguem controlar seu impulso de realizá-los. Para ela, tais comportamentos têm por finalidade prevenir algum evento danoso que ela teme ocorrer, embora saiba que o mesmo seja improvável.

O TOC costuma prejudicar em muito o funcionamento da pessoa e, não raras vezes, além do acompanhamento espiritual e psicológico, faz-se necessário o uso de medicações específicas prescritas pelo médico psiquiatra. O conselheiro precisa ter cautela e conhecimento para lidar com este tipo de transtorno e, evidentemente, encaminhar a pessoa para ajuda técnica especializada.

2.4 Aconselhando quem sofre de ansiedade

Na Bíblia Sagrada, o termo ansiedade aparece por várias vezes. Ela pode refletir um estado de preocupação realista ou de uma profunda angústia e aflição. Pode, também, denotar o apego ou a preocupação com as questões e bens materiais (Sl 31.9; Mt 6.25-34; I Pe 5.7). Correia (2013, p. 129) afirma que também "pode indicar um problema de falta de fé, ou então, em sentido contrário, uma demonstração de afeição por estar preocupado com a situação de alguém que amamos (Mc 4.40; II Tm 1.4).

Para tanto, o conselheiro deve ajudar a pessoa em ansiedade a confiar no Senhor, desenvolvendo atitudes de corroboram para a aproximação do Mestre, tais como: a oração, o louvor, o reconhecimento das bênçãos que Ele já tem concedido e, consequentemente, a gratidão (Fp 4. 4-7). Para que isso aconteça, ele mesmo deve conhecer-se, ser empático e acolhedor, jamais julgar ou menosprezar a dor do próximo, sempre demonstrando o amor de Deus em seu coração. O apoio e o incentivo para o enfrentamento da ansiedade são fundamentais no manejo com o aconselhando.

Além disso, o conselheiro pode conhecer algumas técnicas de respiração, a fim de que possa ajudar o aconselhando. Respirar ajuda a conter a ansiedade. Um exercício simples consiste em inspirar o ar, até sentir que o diafragma está cheio, prender esse ar por três segundos e, em seguida, enquanto conta até seis na mente, ir liberando-o aos poucos. Repetir esse exercício por três, quatro, cinco vezes, ajudará a pessoa a lidar melhor com sua ansiedade.

É sempre importante lembrar que a ansiedade é um alerta para algo que não resolvido no indivíduo. Ela é um sintoma que aponta para uma possível causa que pode representar um medo ou a iminência de um perigo, real ou imaginário. Ela não é a causa em si, mas, aponta para uma causa que precisa ser vista e tratada. Sobre isso, Correia (2013, p. 131) afirma que:

> Demonstrar uma atitude compreensiva implicará na busca de aconselhar procurando fazer um diagnóstico das verdadeiras causas da ansiedade. Pessoas com histórico de graves negligencias por parte de seus pais ou cuidadores – segurança emocional e valor pessoal – e ainda aqueles que carregam lembranças relacionados com intensa privação de condições básicas de sobrevivência – pobreza extrema, fome, frio, violência e ameaças constantes à integridade física – geralmente necessitarão de mais tempo para aprender a lidar com seus altos níveis de ansiedade.

O reconhecimento dessa gravidade fará com que o conselheiro dependa de Deus para que Ele o capacite a realizar um bom trabalho com a pessoa em ansiedade, bem como chegar à conclusão de que não consegue dar conta de tudo e que, para tanto, deverá fazer os devidos encaminhamentos. Ele não deixará de prestar o apoio no processo de aconselhamento, porém, precisará de algo mais, algo além, que cabe e é da alçada dos profissionais da saúde.

Por fim, os comportamentos e atitudes do conselheiro, tais como, o amor, a atenção, a acolhida, a compreensão das causas da ansiedade, o estímulo à oração, o ensino para que a pessoa aprenda a pensar de forma bíblica e o enfrentamento dos sintomas, farão toda a diferença no tocante ao direcionamento que o aconselhamento deve ter (CORREIA, 2013).

Questão para reflexão

Os tempos modernos são altamente ansiogênicos! Em sua opinião, quais são os principais fatores que fazem com que o ser humano sofra, em demasia, de ansiedade?

CAPÍTULO 2

Aconselhando quem sofre de Depressão

A depressão é uma doença! A ciência disso deve fazer com que o conselheiro leve à sério tão grande mal que faz parte da vida de alguns aconselhandos. Infelizmente, no seio cristão há muitas interpretações equivocadas sobre a depressão, fazendo com que o preconceito e o julgamento tomem espaço em muitos redutos e igrejas. Agir assim, com desconhecimento, certamente trará prejuízos para a obra de Deus. Para tanto, é preciso saber o que, de fato, é a depressão, reconhecer os seus sinais e formas de tratamento, a fim de ajudar uma pessoa a sair deste quadro avassalador. Portanto, neste capítulo serão apresentados a definição de depressão, os tipos de depressão que existem, os sintomas e as formas de tratamento disponíveis, para que estudante seja preparado para acompanhar quem está sofrendo daquilo que é considerado o grande mal do século.

2.1 O que é depressão?

Esta pergunta apresenta resposta técnica, embasada em pesquisas científicas, todavia, em muitas igrejas tem sido alvo de colocações equivocadas e distorcidas que prejudicam quem está sofrendo de depressão. Portanto, é imprescindível compreender o real significado da doença.

Inicialmente, é importante diferenciar depressão de tristeza. A tristeza faz parte da vida. Quando algo ruim lhe acontece é natural que fique triste. Quando você sofre uma perda significativa, como a perda de um trabalho, por exemplo, ou de um ente tão amado, é comum que sinta profunda tristeza. Estranho seria se isso não acontecesse! A tristeza é um sentimento presente nos seres humanos, portanto, é natural senti-la.

É salutar trazer este esclarecimento porque é bastante comum ver pessoas misturando as duas coisas como se fossem uma só. Basta que o indivíduo esteja triste para que seja rotulado de depressivo, quando na realidade pode não haver nexo algum entre uma coisa e outra. Alguém que, por algum motivo, está triste e é classificado como depressivo, pode sentir-se pior por desconhecer o que realmente está sentindo. Na realidade, a depressão não é algo novo. Collins (2012) afirma que a depressão, antigamente chamada de melancolia, tem sido identificada ao longo de 3000 anos como algo danoso, que afeta pessoas de todas as idades.

Para tanto, é imprescindível que o conselheiro saiba que a depressão é uma doença que faz parte dos chamados Transtornos de Humor. Trata-se de uma tristeza profunda que passa a fazer parte da vida da pessoa, a ponto de trazer prejuízos à sua vida nos mais variados aspectos, tais como os relacionais, os profissionais, os religiosos, dentre outros.

De acordo com Cruz (2019, p. 111):

> A depressão não é um simples estado emocional. É uma doença que tem causa orgânica, quando um descontrole na química cerebral atinge certas áreas corticais. Estudos mostram que o cérebro de uma pessoa deprimida apresenta alterações químicas e baixos níveis de neurotransmissores, como a serotonina, a principal substância para a sensação de bem-estar e controle de humor. É uma doença crônica, recorrente, que pode atingir vários membros de uma mesma família.

A explicação trazida pela autora esclarece o que muitas pessoas confundem! Pensam que todo caso de depressão possui, prioritariamente, fundo emocional. De fato, situações que impactam a vida psicológica podem gerar o transtorno, porém, é preciso compreender que há causas orgânicas que também desencadeiam a doença. Portanto, a depressão também é uma condição médica que deve ser tratada, inclusive, com medicamentos próprios, os chamados antidepressivos.

Evidentemente, há casos em que a melhora sintomática ou, até mesmo, a resolução ou remissão da depressão chegam, quer seja por meio do acompanhamento pastoral ou do conselheiro, quer seja por parte da psicoterapia realizada com profissionais da área da Psicologia, porém, é imprescindível que se reconheça que casos graves de depressão devem ser acompanhados pelo médico psiquiatra responsável pela prescrição medicamentosa.

Quando os exames apresentam baixa química no organismo, fator desencadeante da depressão, na medida em que a pessoa toma os remédios, melhora ou sai do quadro depressivo. Portanto, o conselheiro não pode ser ingênuo em querer tratar tudo no nível da espiritualidade. Sem dúvida, deve-se ouvir, aconselhar e orar com a pessoa, todavia, é seu papel orientar a busca profissional.

No tocante à medicação, seguem as mesmas diretrizes apresentadas no capítulo sobre a ansiedade. Jamais uma pessoa deve automedicar-se, seja por influência de outros, seja porque o remédio deu certo para alguém da família ou amigo, ou qualquer outra situação. O remédio é específico para aquele indivíduo, inclusive, a dosagem.

Outrossim, é necessário verificar o histórico familiar. Não raras vezes, uma pessoa que apresenta um quadro de depressão tem na família outras pessoas que foram e/ou são acometidas da doença. Portanto, deve-se considerar o fator genético na transmissibilidade da depressão. O conselheiro na entrevista com o aconselhando, poderá identificar essa realidade.

Isso quer dizer, então, que não existe depressão causada por fatores emocionais? Por exemplo, uma separação conjugal, a perda de uma pessoa significativa, a perda de um trabalho importante, a visão negativa de si, dentre outros, não são suficientes para causar depressão? A resposta é sim. Elementos da vida cotidiana, como os citados acima, podem levar a pessoa à depressão se ela não tiver estrutura emocional suficiente para lidar com o ocorrido.

Na verdade, é bom que se tenha clareza de que o ser humano é integrado. Didaticamente costuma-se separá-lo, a fim de que se compreenda como se dá a sua constituição, todavia, o fato de ser integrado aponta para a realidade de que um aspecto influencia diretamente o outro.

Por exemplo, emoções negativas deprimem o organismo fazendo-o adoecer. Por outro lado, um organismo adoecido afeta diretamente os sentimentos e as emoções, causando tristeza e sofrimento psíquico. Por isso, a ajuda especializada é fundamental, tanto a médica como a psicológica.

2.2 A depressão e a Bíblia

Quando se olha para a Palavra de Deus, depara-se com várias passagens que demonstram quadros depressivos, embora a Bíblia, propriamente dita, não faça a discussão da depressão enquanto quadro clínico (COLLINS, 2012).

Os Salmos são coletâneas e hinos de Israel onde o estado de angústia e tristeza dos salmistas ficam em evidência. Perceba: *"Por que estás abatida, ó minha alma? Por que te perturbas dentro de mim? Espera em Deus, pois ainda o louvarei. A ele, meu auxílio e Deus meu"* (Sl 43.5). Outrossim, no Salmo 38. 6,7, lê-se: *"Sinto-me curvado e sobremodo abatido, ando de luto o dia todo. Ardem-me os lombos, e não há parte sã na minha carne"*.

Note que os escritores relatam a dor emocional que estão sentindo. Outros personagens vivenciaram tamanho sofrimento, como Jó, Elias, Moisés, Jonas, Jeremias, Pedro e Paulo (Jó 3. 24-26; I Rs 19. 1-18; Jn 4.8; II Co 2.4, 5: 7.5; 11.5, 13). Ora, não se pode deixar de mencionar o próprio Cristo, que passou por períodos de profunda tristeza e dor, em nosso lugar (Is 53. 4-5; Hb 4. 14-16).

Collins (2012, p. 123) afirma que: "esses exemplos, acompanhados de numerosas referências à dor e à tristeza, dão uma amostra do realismo que caracteriza a Bíblia". Isso demonstra que homens e mulheres de Deus passaram por quadros de depressão, assim como as pessoas, incluindo as cristãs, passam nos dias de hoje. Tal constatação deve ser útil, tanto para o conselheiro quanto para o aconselhando.

2.3 A Igreja e o cuidado com o discurso

Infelizmente, mesmo com ampla informação sobre a depressão, em muitos lugares ainda se ouve discursos comprometedores que adoecem, no que diz respeito a essa doença. Há os que afirmam que a depressão é falta de Deus, falta de oração, falta de fé, pecado cometido, possessão demoníaca e, até mesmo, falta do que fazer, de um trabalho.

É preciso compreender, de uma vez por todas, que a depressão é uma doença e que esse tipo de discurso em nada contribui para a melhora daquele que está em sofrimento, antes, pelo contrário, quando alguém escuta esse tipo de afirmação, tende à piora. Imagine uma pessoa que está com profundo sentimento de desamparo ou desesperança. De repente, acreditar em Deus é algo em que ela ainda se apoia, apesar da pouca força. Se alguém ou o conselheiro lhe diz que está sem fé, em pecado ou outra coisa semelhante, poderá abandonar ou desistir daquilo que ainda tem sido o seu último sustentáculo, no caso em questão, Deus.

Sim, de fato quando um pecado é cometido ou quando há uma desarmonia do homem para com as coisas de Deus, o quadro depressivo pode se instalar, como no caso de Davi, que ocultou suas falhas (Sl 32; 38; 51). Porém, afirmar que toda depressão é oriunda do pecado é cometer profundo equívoco.

A Igreja deve ser fonte de cura e de libertação, tanto espiritual, quanto emocional e física. Logo, deve ter uma postura equilibrada, correta, a fim de ser suporte, em amor, para quem está em sofrimento, haja vista que ninguém está isento de passar pela depressão. Ninguém é tão super-homem a ponto de não adoecer e vir a desencadear quadros depressivos. O amor, a compreensão, as mãos estendidas, sem julgamentos, refletem o caráter de Cristo entre o seu povo. Por outro lado, quando isso não ocorre, o caráter de quem está sendo demonstrado? Que haja sabedoria na vida e nas atitudes da Igreja!

2.4 Sintomas da depressão

De acordo com Correia (2013, p. 111):

> [...] é possível definir a depressão como uma enfermidade que afeta o funcionamento normal do cérebro, alterando significativamente o estado de ânimo e humor da pessoa, cuja origem é multicausal, podendo a mesma ser endógena, ou seja, de dentro do organismo, como as alterações hormonais, por exemplo, ou exógena, de fora do organismo, como o sofrimento prolongado, luto ou opressão maligna, e até mesmo uma combinação de ambos os fatores, um misto de causas internas e externas, bem como o resultado de um estado de angustia do ser, da pessoa em desarmonia com seus valores e crenças [...]

Frente a essa diversidade de causas e fatores desencadeantes da depressão, há variados sintomas. De fato, a sintomatologia da depressão é ampla e o conselheiro precisa se apropriar deste conhecimento. O quadro abaixo, apresenta os principais sintomas da depressão.

Quadro 10 – Principais Sintomas da Depressão

Fisiológicos	Comportamentais	Cognitivos	Emocionais
Cansaço	Crises de choro	Auto criticismo	Tristeza
Perda de energia	Diminuição do interesse ou do prazer em quase todas as atividades	Dificuldade no raciocínio, concentração, memória e tomada de decisão	Irritabilidade
Dores musculares	Isolamento Social	Pensamentos acerca de morte, ideias de suicídio ou tentativas	Ansiedade
Alterações no apetite	Agitação ou lentificação motora		Oscilações de humor
Alterações no sono	Desleixo com a aparência física		Sentimentos de desvalorização ou culpa excessiva
Alterações no desejo sexual			Apatia
			Desesperança
			Sensação de vazio

Fonte: Extraído de: https://www.recriarsentidos.pt/blog/depressao-os-sintomas-mais-comuns/ Acesso em: 02/03/2022.

Esses sintomas podem ser percebidos em pessoas com depressão. Evidentemente, pode ser que alguém não tenha todos os sintomas, mas, se tiver acima de três deles, por mais de quatro semanas, é bom verificar o que está acontecendo, pois será possível fechar o diagnóstico da doença. É importante considerar ainda que é bastante comum a presença de baixa autoestima na depressão, com crenças de desamor, quando a pessoa não está se sentindo amada por ninguém, nem ela mesma consegue se amar; de desvalor, quando não se sente valorizada em nada do que fez ou faz, como se nada tivesse sentido e, por fim, na condição de desamparo, abandono.

Outro aspecto bastante presente é o medo, muitas vezes, irracional e sem motivos que o justifique. As alterações de apetite se dão de duas maneiras: a pessoa passa a comer demais, ganhando, com isso, excesso de peso ou, na contramão, perde o apetite, perdendo muito peso, a ponto de comprometer a saúde. Ainda no aspecto físico, pode-se desenvolver gastrite, sentir alteração na pressão, como a pressão alta, por exemplo, infecções de pele (dermatite), dores de cabeça, tonturas, palpitações, dentre outros.

Outrossim, há três níveis de depressão: leve, moderada e profunda. Correia (2013, p.113) explica que:

> Nas depressões consideradas leves, a pessoa consegue lidar relativamente bem como suas responsabilidades e ainda exercer sua atividade profissional, mesmo à custa de um esforço que logo se manifestará em irritabilidade e cansaço em graus variáveis. Na depressão moderada, além de aparecerem os mesmos sintomas da depressão leve, apenas um pouco mais acentuados, o sinal mais claro a ser observado é a perda da qualidade de vida, devendo ser observado que a pessoa terá um acentuado declínio em sua atividade profissional e perda de interesse nas atividades de lazer. Nos casos de depressão profunda, também tratada na literatura como severa ou grave, o comprometimento será considerável e visível em todas as áreas da vida da pessoa, com uma acentuada perda de interesse pelas coisas pessoais, familiares e profissionais, momento em que o risco de suicídio torna-se bastante alto.

Como se observa na citação, essa variação dos níveis de depressão pode, em última instância, levar o indivíduo a desejar pôr fim em sua vida, se estiver no nível grave da doença. Isso serve de alerta ao conselheiro para que não menospreze essa possibilidade. A depressão é uma doença que vai sugando a vida, minando as energias da pessoa, a ponto de ela não enxergar mais sentido em estar aqui.

Quer seja no nível leve, moderado e, especialmente, no grave, o conselheiro precisa estar disposto a fazer sua parte, ouvindo, lendo a Palavra, conversando, acolhendo, sem nenhuma espécie de julgamento, todavia, certamente, deverá levar a pessoa à busca por ajuda especializada, médica e psicológica dada a severidade da questão. O conselheiro deve ser prudente neste quesito, a fim de que a vida seja preservada, na certeza de que dias melhores virão.

2.5 Tipos de Depressão

De forma breve, serão apresentados os principais tipos de depressão.

2.5.1 Depressão Maior

A depressão maior é reconhecida e classificada quando uma pessoa apresenta cinco ou mais sintomas da depressão, por mais de duas semanas, a ponto de paralisar ou prejudicar seu funcionamento.

2.5.2 Depressão Pós-Parto

Desencadeada após o parto do bebê, pode fazer com que mãe tenha sintomas como raiva, intensa irritabilidade, angústia, tristeza e a rejeição do bebê.

2.5.3 Depressão Bipolar

Caracterizada pela variação constante do humor, alternando entre extrema euforia e profunda tristeza.

2.5.4 Transtorno Afetivo Sazonal

Também conhecido como Depressão do Inverno, ocorre nas mudanças de estação, especialmente, do outono para o inverno, quando há enfraquecimento ou ausência do sol, causando cansaço, sonolência e maior fome, apetite.

2.5.5 Depressão Atípica

Segundo Lopes (2017, p. 467) a depressão atípica "é uma forma de depressão caracterizada por sintomas contrários aos da depressão normal, tendo os pacientes maior necessidade de dormir, comer ou ter contato íntimo".

2.5.6 Depressão Reativa

A depressão reativa pode ser desencadeada após algum fator que tenha causado profundo estresse no indivíduo, como por exemplo, uma perda significativa, como de um ente muito amado, um emprego etc., sendo que a pessoa não consegue se levantar, reagir diante da situação.

2.5.7 Distimia

A pessoa com distimia apresenta vários sintomas da depressão, geralmente, carregando consigo constante tristeza por mais de dois anos. Lopes (2017, p. 467) explica que o distímico:

> pode perder o interesse nas atividades diárias normais, sentir-se sem esperança, ter baixa produtividade, baixa autoestima e um sentimento geral de inadequação, além de ser considerada uma pessoa excessivamente crítica, que reclama constantemente e é incapaz de divertir-se.

2.6 Aconselhando quem está em depressão

Diante de tudo o que fora exposto, é importante que o conselheiro tenha amor e dedicação pelo seu ministério, especialmente, no manejo com pessoas em depressão. Estabelecer o vínculo com pessoas em depressão é mais desafiador porque elas têm o humor alterado e a própria perda de energia é um fator que pesa neste momento. Até mesmo para falar, a pessoa poderá encontrar dificuldade, exigindo que o conselheiro seja um ativo motivador do diálogo, estimulando a pessoa a abrir-se.

Outrossim, é importante que o conselheiro se mantenha firme, sem esmorecer, especialmente, porque a evolução de um deprimido costuma ser lenta, exigindo um verdadeiro exercício da paciência. Além disso, é possível perceber que a pessoa está tendo uma boa evolução e, de repente, uma recaída ocorre. Essa caminhada de altos e baixos também estão presentes nos quadros de depressão.

Correia (2013, p. 115) explica que:

> Em segundo lugar, uma boa parte das pessoas deprimidas projetam no conselheiro as suas próprias inseguranças. A consequência, neste caso, será uma relação de dependência patológica, doentia, com a possibilidade da pessoa em crise procurar o conselheiro para encontrar apoio até mesmo para as decisões mais simples que precisar tomar no dia a dia. Ao longo do processo isto torna-se desgastante, portanto, o conselheiro cristão deverá estar consciente deste perigo e poderá evitá-lo mediante encorajamento

fundamentado na Palavra, com textos bíblicos, de conforto e esperança.

Diante disso, urge ao conselheiro estar atento ao desenvolvimento e à condução do processo de aconselhamento. Ele deve sempre ouvir, sem julgamentos, estimulando o aconselhando à exposição de sentimentos e emoções. A oração e as palavras de conforto, vindo da parte de Deus, por meio das Escrituras, serão bálsamo para o aflito. O conselheiro precisa estar pronto para este desafio, reconhecendo seus limites e disposto a fazer os devidos encaminhamentos.

2.7 Uma palavra sobre a culpa

Muitas pessoas sofrem porque são tomadas pela culpa. A culpa é altamente adoecedora. Ela mina o solo das emoções, fazendo com que o ser humano fique remoendo algo que fez, ou que deixou de fazer ou ainda que, fazendo, não deu certo, trazendo impacto negativo para si e/ou para o próximo. A culpa pode ser tóxica.

Collins (2012, 161-163) afirma que as causas da culpa podem estar relacionadas a alguns fatores, que são: experiências passadas e expectativas irreais; inferioridade e pressão social; mau desenvolvimento da consciência e as influências sobrenaturais. Fato é que a culpa pode desencadear uma série de sentimentos, emoções e, até mesmo, comportamentos negativos, com reflexo, inclusive, no físico do ser humano. Há pessoas que adoeceram física e emocionalmente porque carregaram consigo extrema culpa.

A Palavra de Deus trata sobre a culpa, não apenas na esfera do sentimento, antes, como um chamamento ao arrependimento e à genuína mudança de vida. O texto de II aos Coríntios 7. 8-10 fala sobre a tristeza segundo Deus e a tristeza segundo o mundo. Correia (2013, p. 121) afirma:

> Tenho para mim que ***"a tristeza segundo o mundo"*** possa equivaler perfeitamente àquilo que chamamos de culpa. Esta é sempre destrutiva, portanto, agride a estima pessoal sem construir nada de positivo. É aquilo que popularmente chamamos de remorso. Já a ***"tristeza segundo Deus"***, equivaleria ao arrependimento genuíno. Sendo "segundo Deus" ela é construtiva, visto que conduz a pessoa a desejar a modificação do comportamento pelo Espírito. A

> culpa que traz pesar e autocomiseração – "veja que coitadinho que eu sou!" – é do mundo; a culpa que traz arrependimento e confiança no perdão de Cristo – "eu vou mudar de vida!" – é de Deus (Rm 8. 14-17).

O conselheiro deve ser um agente a serviço de Deus para ajudar pessoas a se livrarem da culpa que tanto as atormenta. O caminho para que isso aconteça é o do perdão. O perdão cura, liberta e traz novo sentido para a existência. O perdão não é um sentimento, antes, é uma decisão. Em Deus, o ser humano encontra forças para perdoar e, inclusive, para se auto perdoar. O auto perdão é essencial para que a pessoa consiga prosseguir, sem ferir a si com o peso das cobranças, dos pensamentos negativos e das punições.

Para a culpa do pecado, é importante enfatizar que só há um remédio, o do arrependimento e conversão. O sangue de Jesus é poderoso para purificar o mais vil pecador e dar a ele um novo sentido para a existência. Que cada conselheiro seja agente de paz e alívio para a culpa humana.

2.8 Uma palavra sobre o suicídio

O suicídio é o ato de pôr fim à própria vida. Lopes (2017, p. 469) explica que: "a palavra suicídio vem do latim *"sui"* (de si mesmo) e *"caedere"* (matar, cortar) (em latim, cedere significa ceder, daí a correção), ou seja, matar-se a si mesmo. Sendo assim, o suicídio nada mais é que um homicídio praticado contra si mesmo".

São várias as causas que podem levar um ser humano à tomada desta triste decisão: angústia, sofrimento, vazio, perdas, depressão, dentre outros. O conselheiro deve demonstrar profunda empatia para com aquele que está intencionando matar-se, bem como deve tomar todo o cuidado para que isso não aconteça.

É sabido que Deus é o doador da vida, portanto, somente Ele tem o poder de tirá-la (Dt 32.39). Esta é a regra, porém, ao longo da história, inclusive com relatos na Bíblia Sagrada, homens decidiram interromper por conta própria sua existência. Nos últimos tempos, inclusive no meio cristão, tem havido aumento nos casos, logo, o conselheiro e a Igreja não podem ficar cegos e parados frente aos acontecimentos.

Existem alguns sinais que apontam para a ideação suicida, como por exemplo: discurso recorrente de morte (a pessoa diz que se não estivesse mais aqui, tudo seria melhor, os problemas acabariam); o isolamento; falas do tipo: "Eu não aguento mais" ou "Eu sou um perdedor, um fracasso"; aumento de ingestão de bebidas alcoólicas; sentimento de vazio; depressão; impulsividade, dentre outros.

Há aqueles que dizem que quem quer se matar não avisa. Se a pessoa está falando é porque quer chamar à atenção, quer ser fazer de coitada, de vítima. Porém, na realidade, quem quer pôr fim a vida vai sim, de fato, dando sinais por meio de seus discursos e atitudes. Logo, toda atenção é fundamental!

Se a pessoa está com ideações e desejos suicidas não pode ficar em casa e, muito menos, sair sozinha pela rua, nem a pé e, muito menos de carro. Ela deve estar sempre acompanhada e vigiada, especialmente, pelos familiares. Pode ser necessário o recurso da internação em clínicas especializadas em saúde mental. Primeiramente, pode-se recorrer ao hospital mais próximo, a fim de que a pessoa seja contida. Instrumentos cortantes, tais como facas, canivetes, dentre outros, devem ser recolhidos e pedaços de corda ou fios, também. Atenção total se a casa possuir alguma arma de fogo ou letal. Todo cuidado é pouco!

Quando o ser humano chega ao ponto de desejar a morte, na verdade, ele não quer morrer, antes, quer colocar fim no agudo sofrimento que está experienciando e, para tanto, encontra na possibilidade da morte, ainda que de forma disfuncional, o alívio para todo esse sofrimento que está no seu ápice. Ninguém, em sã consciência, desejará morrer desta forma. Isso serve de alerta para que os conselheiros e demais pessoas sejam mais acolhedores e julguem menos, deixando cair por terra todo preconceito. Lembre-se: o suicida, na verdade, não deseja morrer, antes, deseja acabar com todo sofrimento que o invade. Tal sofrimento é tão grande que ele não vê escape a não ser na morte.

No Brasil, além dos recursos médicos, psicológicos e hospitalares, há o SAMU que pode ser acionado por telefone, através do 192 e, o CVV – Centro de Valorização da Vida, recurso próprio e especializado para situações de risco iminente de suicídio. Há profissionais preparados para acolher e ajudar quem está no quadro, através do telefone 188.

Questão para reflexão

Faça uma pesquisa e aponte os motivos que justificam os aumentos de casos de depressão e suicídio na sociedade.

CAPÍTULO 3

Aconselhando Casais

A família é uma instituição divina! Ela nasce no coração de Deus e é alvo do seu amor e graça. No entanto, sabe-se que há muitos desafios que envolvem a relação familiar e, é justamente nesses desafios que muitos casais se perdem e, consequentemente, suas famílias são desestruturadas. Neste capítulo, serão apresentados recursos importantes que o conselheiro pode e deve lançar mão, a fim de atuar nesta área tão importante para a Igreja e para a sociedade.

3.1 A vida a dois e a Bíblia

O casamento é um dos momentos mais marcantes e inesquecíveis na vida de um casal, quando duas pessoas que se amam ardorosamente decidem se unir a fim de que construam uma história juntos e desenvolvam a própria família.

Quando se volta o olhar para as Escrituras Sagradas percebe-se, claramente, a iniciativa para o casamento em Deus. Foi Ele mesmo quem uniu o primeiro homem e a primeira mulher, formando, então, uma só carne: *"Portanto, deixará o homem o seu pai e a sua mãe, e apegar-se-á à sua mulher, e serão ambos uma só carne"* (Gn 2. 24).

A partir dali, nota-se claramente, a presença do casamento como algo bíblico e importante para a constituição e solidificação da família. O salmista relata, em forma poética, a beleza de uma família que se alicerça em Deus:

> Bem-aventurado aquele que teme ao Senhor e anda nos seus caminhos. Pois comerás do trabalho das tuas mãos; feliz serás, e te irá bem. A tua mulher será como a videira frutífera aos lados da tua casa; os teus filhos, como plantas de oliveira à roda da tua mesa. Eis que assim será abençoado o homem que teme ao Senhor. O Senhor te abençoará desde Sião, e tu verás o bem de Jerusalém em todos os dias da tua vida. E verás os filhos de teus filhos, e a paz sobre Israel (Sl 128. 1-6).

Perceba, ainda, a beleza do Salmo 127:

> Eis que os filhos são herança do Senhor, e o fruto do ventre o seu galardão. Como flechas nas mãos de um homem poderoso, assim são os filhos da mocidade. Bem-aventurado o homem que enche deles a sua aljava; não serão confundidos, mas falarão com os seus inimigos à porta (3-5).

De fato, a literatura poética é fascinante no que diz respeito ao matrimônio e à família. Cantares de Salomão é a majestade do amor em evidência. Provérbios recomendam a importância dos cuidados para com a relação, sobre a prudência da mulher e da sabedoria na educação de filhos (14.1; 21.9; 22.6) e, o livro de Eclesiastes, orienta o homem a desfrutar seus dias com a mulher que ama (Ec 9.9).

Na verdade, não somente a literatura poética, antes, toda a Palavra de Deus enaltece essa importante instituição, que é a *célula-mater* da sociedade. O próprio Cristo participou de uma festa de casamento, conhecida como "Bodas em Caná" e, foi lá mesmo, nesta cerimônia, que realizou um grande milagre transformando a água em vinho e, diga-se de passagem, no melhor vinho (Jo 2). O Apóstolo Paulo, em I aos Coríntios 7, traz orientações de suma importância para a vida a dois, de maneira que agrade ao Senhor.

Ao voltar para Gênesis 2.24, nota-se a importância e o profundo significado dos termos "deixar, unir e tornar". Collins (2012, p. 477, 488) afirma que:

> Os três verbos usados neste versículo – "deixar", "unir-se" e "tornar-se [uma só carne]" – indicam três propósitos do casamento. *Deixar* envolve um afastamento dos pais e implica numa união legal e pública de marido e mulher, através do casamento. Walter Trobish escreveu certa vez que, quando um casal não dá importância a esse elemento legal, é como se o casamento fosse "um roubo". Pode haver amor e sexo, mas eles não têm obrigação real de se empenhar na edificação de um matrimônio responsável. *Unir-se* é a tradução de uma palavra hebraica que significa fixar, grudar. "Se você tentar separar duas folhas de papel coladas uma à outra, acabará rasgando as duas. Se tentar separar um marido e uma mulher que estejam firmemente ligados, os dois sairão feridos". Idealmente falando, marido e mulher devem se amar, permanecer juntos e serem fiéis um ao outro. Quando esta união não existe, eles têm um casamento vazio, que pode até ser uma relação legítima, mas não tem amor. *Tornar-se uma só carne* envolve sexo, mas vai além do aspecto físico. Segundo Trobish, isso significa que "duas pessoas compartilham tudo o que têm, não apenas seus corpos, não apenas seus bens materiais, mas também seus pensamentos e sentimentos, alegrias e tristezas, esperanças e temores, sucessos e fracassos. Isso não significa que as suas personalidades sejam esmagadas ou apagadas. As identidades de cada um são mantidas, mas se combinam para formar uma relação completa. Quando o casal não tem este relacionamento de uma só carne, eles não se sentem realizados no casamento.

Quando se observa com atenção o que fora exposto acima, tem-se um conteúdo de suma importância para que o conselheiro trabalhe com casais que estão em conflitos ou quem sabe já, infelizmente, desestruturados. Os princípios do "deixar, unir e tornar" têm sido esquecidos em muitos lares, causando desgaste, sofrimento e rupturas. A Palavra de Deus sempre apontará para o êxito familiar e das relações, bem como será sempre o remédio para as feridas que surgirem ao longo da caminhada a dois, que é repleta de desafios, porém, maravilhosa e abençoada.

3.2 A vida a dois

O amor deve ser o condutor para a união de duas pessoas. Sem amor, sem relação; sem amor, sem vida conjugal. Quando um casal está prestes a se unir e não tem certeza do amor, melhor não se casar, até que esta convicção se manifeste. Na verdade, o amor é o sustentáculo dos relacionamentos, capaz de suportar as agruras e as tempestades da vida (Ct 8.7; I Co 13).

No entanto, é preciso que se tenha clareza de que, após o casamento surge a realidade da convivência. Se outrora, no namoro e no noivado, cada membro morava em sua casa, com sua família ou em outra condição, é certo que, a partir de agora, desfrutarão do mesmo ambiente e partilharão das mesmas coisas.

Isso parece algo comum e simples, mas, para muitos é motivo de inúmeros conflitos e crises. Aquela toalha molhada fora do lugar, o arroz que não ficou à contento, o creme dental que não foi fechado, dentre outros. Dividir a cama está para muito além da relação sexual, antes, trata-se de partilhar com o outro o espaço, as coisas, o tempo, o momento, enfim, a vida.

É justamente na convivência que, de fato, o outro se mostra com todas as suas qualidades e defeitos. É o desnudar da personalidade, quando se percebe os gostos, as aptidões, as habilidades e as debilidades, as manias, os comportamentos, pensamentos, sentimentos, e por aí, vai! De repente, nota-se que o companheiro ou a companheira são falhos, têm atitudes nunca percebidas, enfim, é humano! Mas, há aqueles que se decepcionam a ponto de não conseguirem lidar com a humanidade do outro e, com isso, os problemas se agigantam, se avolumam.

A vida a dois passa, então, a ser um desafio porque conviver com o outro é um desafio. As contas chegam, as dificuldades se aproximam, as diferenças pessoais aparecem, as famílias de ambos os lados passam a fazer parte do entorno do casal, além de outros aspectos que podem ser pensados na vida matrimonial.

Um casal firme em Deus, cuja aliança está firmada n'Ele, suportará o inverno do relacionamento e viverá o seu verão, pois terá maturidade para atuar frente as dificuldades e dissabores. Em Deus, o casamento ganha sentido, entende-se o propósito e os benefícios de uma aliança. Essa aliança está para além do anel que se coloca no dedo, antes, é um pacto firmado solidamente no campo do coração.

3.3 Alguns problemas conjugais

Existem algumas situações que podem acarretar prejuízos para o relacionamento. Abaixo, elencaremos algumas delas, a fim de que o conselheiro tenha ciência e se esmere em ajudar os casais que o procurarem.

3.3.1 Dificuldades na comunicação

Uma comunicação eficaz é extremamente necessária para a relação conjugal. É muito complicado quando a esposa fala "A" e, o marido, por sua vez, entende "B". A comunicação assertiva é o caminho para que haja entendimento na relação. A mensagem enviada é codificada pelo ouvinte da maneira correta.

É importante lembrar que existem dois tipos de comunicação: a verbal e a não verbal. Por estas duas formas, os casais se comunicam eficaz ou ineficazmente. A comunicação verbal é a expressa por palavras, ao passo que, a não verbal, faz referência aos gestos emitidos, ao olhar, expressões fisionômicas, bilhetes ou conteúdos escritos, o silêncio etc.

É de extrema importância que o casal integre a linguagem verbal à não verbal, para que não haja confusão entre ambas. Observe o que Collins (2012, p. 478) ressalta acerca disso:

> Quando a mensagem verbal e a não verbal se contradizem, uma mensagem dupla é enviada. Isso causa confusão e interrupção da comunicação. É isso que acontece, por exemplo, quando uma esposa diz "Pode fazer essa viagem de negócios, para mim está tudo bem", mas sua postura de ombros caídos, o tom de voz resignado e sua total falta de entusiasmo, beirando a depressão, dizem outra coisa: "Eu *realmente* não quero que você vá". Por outro lado, é a esposa quem fica confusa quando o marido diz "Eu te amo e gosto de ficar com você", mas não para em casa, nunca leva a esposa para jantar fora e não tem um só gesto que demonstre seu amor e consideração. Numa comunicação eficiente, a mensagem enviada verbalmente é coerente com a mensagem não verbal.

Frente ao exposto, é sempre importante que a comunicação entre o casal seja afinada, a fim de que os ruídos não a atrapalhem. Ruídos são interferências negativas que minam a relação, que podem ocorrer de algumas formas, como por exemplo, o não entendimento do que está sendo dito pelo outro, a interpretação equivocada do que se está dizendo, ou, quem sabe, porque o cônjuge, de fato, não está sabendo se expressar. Na medida em que isso ocorre, os conflitos costumam ser inevitáveis.

3.3.2 Dificuldades Financeiras

É fato que, após o casamento o casal passa a ter dívidas e obrigações que, até então, não tinha. É sabido que há exceções acerca disso, mas, na maioria dos relacionamentos, esta é a regra que conduz o jogo. Sendo assim, finanças é uma área que precisa ser bem trabalhada na mente e nas ações dos cônjuges porque elas podem trazer sérios prejuízos para o relacionando, causando, até mesmo, a sua ruptura, o seu término.

Por isso, é importante que o casal aprenda a fazer um controle dos gastos para que não entre em endividamento. Se um dos cônjuges é "gastão", compra sem necessidade, sem controle, é importante que tenha a humildade em deixar o controle nas mãos do parceiro (a), a fim de que o casal não se perca. Outrossim, quem gasta sem necessidade pelo simples prazer de consumir, pode estar camuflando algum outro tipo de sofrimento que precisa ser tratado. Um dos exemplos é a ansiedade. Há pessoas que, quando ansiosas, gastam até mesmo compulsivamente.

Finanças equilibradas são bênção para o casal, pois podem desfrutar dos seus recursos em paz e tranquilidade. O conselheiro pode ajudar o casal a se organizar, por meio de planilhas de controle de gastos, entradas e saídas, além de, evidentemente, apresentar aos cônjuges, a maneira como a Palavra de Deus orienta as ações sobre as finanças.

3.3.3 Dificuldades sexuais

O sexo é um elemento primordial no casamento. Inicialmente, convém afirmar que ele fora criado por Deus e tem como funções a procriação e a satisfação do homem e da mulher (Gn 1. 31; Ct 4.10). Um casal para ser pleno e realizado precisa lidar bem com a sexualidade. Uma relação sem sexo pode afetar a vida conjugal, de forma séria e contundente.

Porém, homem e mulher têm formas diferenciadas nas tratativas sexuais. O homem costuma ser estimulado visualmente e não costuma ter dificuldade para que esta estimulação ocorra. A mulher, por outro lado, sente-se atraída pelo entorno que a leva ao ato sexual, ou seja, pelos momentos antecedentes da ação, pela maneira como foi tratada, por aquilo que ouviu, pela maneira como é tocada e estimulada etc. Muitas relações conjugais são desgastadas porque o homem não entende o mecanismo feminino que a leva, de forma plena, ao ato sexual.

Há aqueles que se preocupam em satisfazer-se, desconsiderando as necessidades da esposa. Por isso, esta área é tão machucada em muitos relacionamentos.

Além disso, é preciso considerar que há questões de ordem médica que demandam tratamento, tais como, dificuldades de manutenção do ato sexual, ejaculação precoce, disfunção erétil, vaginismo, dentre outros, sendo que estas questões podem e costumam estar, na verdade, ligadas a fatores emocionais que precisam ser identificados e tratados. Sem dúvida, isto interfere drasticamente na plena realização conjugal. O conselheiro, ao identificar alguma possibilidade ligada às questões médicas ou psicológicas deve, certamente, além de orar e aconselhar biblicamente, estimular o casal a buscar ajuda com profissionais da Psicologia e da Medicina, a fim de que estas áreas sejam tratadas adequadamente.

3.3.4 Dificuldades emocionais

Todo ser humano carrega consigo uma história de vida, sendo que, esta história é permeada por coisas boas e por coisas ruins. Algumas situações ruins vividas, especialmente, na infância, podem gerar traumas, sofrimentos, resultando em crenças disfuncionais que poderão gerar comportamentos disfuncionais.

Uma crença é uma firme convicção que se tem acerca de algo. Uma analogia de uma crença psicológica pode ser feita por meio da comparação com uma forte e grande muralha que se constrói internamente, de maneira que a vida passa a ser regida, consciente e inconscientemente por meio dessas crenças.

Durante a vida, o ser humano constrói crenças acerca de si, ou seja, sobre quem ele é, sua aparência, seu jeito de ser e de se comportar etc. Também, desenvolve crenças acerca do mundo, se é bom, mal, hostil, legal, bonito, feio, dentre outros e, por fim, crenças sobre as pessoas, ou seja, como elas são, se são boas ou más, acolhedoras ou que rejeitam umas às outras etc. A formação dessas crenças recebe forte influência das relações primárias do indivíduo, especialmente, nas relações familiares e, depois, nas sociais. Outrossim, a maneira como o ser humano interpreta as situações será determinante para a constituição dessas crenças.

Por exemplo, uma pessoa que, na infância, em algum momento, sentiu-se rejeitada por seus pais, familiares ou, quem sabe, até mesmo por professores ou colegas, pode desenvolver uma crença ligada à rejeição. Na vida adulta, se ela se depara com uma situação em que tenha se sentido rejeitada, ainda que, de fato, essa rejeição não tenha ocorrido por terceiros em relação a ela, sua crença disfuncional poderá afetar seus sentimentos, pensamentos e comportamentos, fazendo com que ela não queira mais fazer determinada coisa, participar de um grupo ou, estar próxima a essas pessoas que, supostamente, a rejeitaram.

A questão é que, no casamento, devido ao processo de intimidade, as fragilidades emocionais podem aparecer e ganhar destaque na relação, especialmente, nos momentos de desentendimento, tomadas de decisão, algum desgaste que possa ocorrer no dia, dentre outros. Esses gatilhos emocionais podem levar o cônjuge a conflitar ainda mais com o seu parceiro (a), comprometendo mais ainda a relação.

Por isso, é importante que as crenças sejam identificadas e tratadas, especialmente, quando estiverem prejudicando o relacionamento. Às vezes, por não saberem lidar com esses gatilhos, os cônjuges acabam se ferindo ainda mais, ofendendo com palavras, afastando-se um do outro, dando brechas para que o quadro se agrave.

O conselheiro pode ajudar o casal a lidar com essas crenças, para que sejam quebradas definitivamente. Para que isso aconteça, é necessário identificá-las, levando a pessoa à aquisição de novos padrões de comportamento. Neste caminho, a oração, a meditação na Palavra de Deus e a vivência das Escrituras são essenciais para que crenças doentias sejam substituídas por pensamentos sadios. Outrossim, é preciso considerar que poderá ser necessário estabelecer ajuda profissional, pois, nas tratativas sobre as crenças, pode ser que a pessoa fique bem sensível emocionalmente. O conselheiro precisa reconhecer as suas limitações e orientar que se busque socorro especializado.

3.3.5 Dificuldades familiares

Em tempos de imaturidade, é comum que se percebam interferências familiares na relação conjugal. Essas interferências se dão por meio de pais que se intrometem na vida do casal, seja indo constantemente à sua casa, ou, até mesmo, opinando e/ou se impondo em decisões que competem ao jovem casal. Há mães que, por qualquer coisa, correm à casa da filha e se colocam na posição contrária ao genro, e vice-versa. Os desafios de início da vida conjugal devem ser vivenciados e superados pelo casal, a fim de que o relacionamento cresça em força e maturidade. Por isso mesmo, a regra é *"deixará seu pai e sua mãe"*.

Muitos casamentos ruíram porque a família não foi sábia! Os pais interferiram na relação, na educação dos filhos, nas escolhas, desrespeitaram o espaço do casal, invadindo as decisões e atitudes que competiam apenas a ele, dentre outros. É evidente que, em situações em que há crise maior, uma dificuldade estabelecida, os pais podem servir de suporte, apoio e orientação. Todavia, é diferente de intromissões e interferências constantes e desnecessárias.

Por outro lado, é preciso orientar aos filhos para que passem a assumir a vida a dois, de forma equilibrada e responsável. Há mulheres casadas que se sentem, agem como meninas indefesas e, logo na primeira dificuldade, correm para o colo dos pais, chorando, querendo proteção e ajuda. Da mesma forma, há homens que parecem meninos querendo colo. É preciso assumir a postura de adulto e encarar a relação como pessoas maduras e sábias, buscando sempre a direção de Deus, para que não fiquem agindo como meninos, crianças imaturas e indefesas. Se é para agir assim, que não se casem!

O conselheiro deve ser um facilitador deste entendimento, ou seja, ele deve ajudar o casal a assumir suas responsabilidades, tomando decisões cujas consequências serão arcadas por ambos, porém, estarão juntos para o que der e vier. Por outro lado, o conselheiro também deve orientar os pais a assumirem o seu lugar, entendendo que agora a missão foi cumprida e que devem deixar os filhos seguirem o caminho deles, conforme orienta a Palavra de Deus.

Outros aspectos poderiam ser aqui elencados, porém, entende-se que estes, se tratados, podem servir de base à resolução de outras dificuldades da relação.

3.3.6 Dificuldades com a rotina

Um dos desafios grandes do casamento é o trabalho para que ele não caia na rotina. Com a convivência, há casais que deixam de cultivar coisas que estavam presentes no namoro, no noivado e no início da relação, tais como, carícias, toques, beijos, elogios, presentes, passeios, dentre outros. É como se essas coisas não fossem mais importantes ou necessárias. A vida a dois passa a ser resumida em trabalho, sustento da casa, criação de filhos e igreja.

É preciso retomar práticas que são saudáveis para o casal. O importante não é o dinheiro que se tem para fazer algo, mas a iniciativa de fazer o que está ao alcance. Se puder fazer uma viagem ou comprar um presente caro, faça, mas, se não pode viajar para longe, faça um passeio para algum lugar próximo ou, até mesmo, na própria cidade. Saia para jantar, tomar um sorvete, assistir um filme ou algo do tipo. Fortifique a relação saindo da rotina. Há muitas coisas que não demandam dinheiro e, sim, atitude. Cada vez que o casal age assim, trabalha a proximidade e a intimidade por intermédio da comunicação.

O conselheiro pode estimular o marido a surpreender a esposa com algum presente, com elogios, um convite para um passeio, em dias que não representam algo especial, como a data de aniversário, por exemplo. Da mesma forma, a esposa pode surpreender o esposo com algo que ele não esteja esperando. Tais atitudes fortalecem a relação e ajudam o casal a ficar imunizado contra a rotina e a ter força para vencer as dificuldades.

3.3.7 O "eu" versus o "nós"

Em tempos de individualismo, muitos casais insistem em permanecer no "eu". É preciso que o conselheiro ajude o casal a entender que após o casamento o "eu" morre, dando vida ao "nós". Não é mais o meu dinheiro, a minha casa, o meu carro, a minha conta bancária. Agora, é o nosso dinheiro, a nossa casa, o nosso carro e a nossa conta bancária.

Perfeitamente sabe-se que a individualidade faz parte do casamento, ou seja, cada membro tem suas características, tem suas vontades, motivações, personalidade, dentre outros e, como tal, deve ser respeitado nesta individualidade, todavia, é preciso checar se o individualismo está presente. É possível, na individualidade, vivenciar o "nós", mas, é impossível, no individualismo, aceitar essa ideia, tendo em vista que prevalece no individualista apenas o "eu".

3.4 Aconselhando Casais

Muitos são os recursos que podem ser abraçados pelo conselheiro nas tratativas com os casais. A oração, o ensino das Escrituras e o estímulo ao relacionamento vivo com Deus são indispensáveis para que o casamento tenha base sólida, no que diz respeito à espiritualidade que, certamente, terá reflexo sobre todas as demais áreas.

Além disso, a empatia, a escuta atenta, o desejo de ajudar o casal a superar seus desafios e conflitos serão fundamentais para que o tratamento seja efetivo. O conselheiro precisa identificar como o casal funciona no dia a dia, ou seja, como é a sua comunicação, como as duas pessoas se tratam, como agem diante dos desafios etc.

Collins (2012) orienta que trabalhos preventivos sejam realizados com casais, o que inclui palestras, treinamentos, escola bíblica dominical, grupos de ensino, cultos específicos dentre outros. Nestes quatro elementos salutares devem estar presentes: 1. O ensino dos princípios bíblicos ligados ao casamento; 2. A ênfase na importância do casamento, sempre buscando o aperfeiçoamento da relação a dois; 3.

O ensino de princípios de comunicação e formas de enfrentamento de conflitos; 4. Incentivar a busca de ajuda e de aconselhamento, quando for necessário.

Se estes fatores forem observados, crê-se que haverá melhora nos índices de resultados nos casamentos. O mesmo autor considera que:

> O casamento é o mais íntimo de todos os relacionamentos humanos. Quando este relacionamento é feliz, e vai se aperfeiçoando com o tempo, torna-se uma das maiores fontes de satisfação que temos na vida. Mas, quando é triste, ou se transforma numa relação estagnada e rotineira, pode ser uma fonte de grande frustração e infelicidade. Deus, certamente, quer que os casamentos sejam felizes, um espelho do belo relacionamento entre o Cristo e sua igreja. O conselheiro cristão que compreende os ensinamentos bíblicos e conhece as técnicas de aconselhamento está melhor qualificado para ajudar os casais a atingirem o ideal divino para o matrimônio.

É sabido que Deus é o autor do casamento e, consequentemente, da família. É sabido, também, que tudo quanto Ele faz é muito bom e perfeito. Sendo assim, seu arqui-inimigo, o diabo, tem agido sobremaneira, de todas as formas, para destruir os lares, arruinando os casamentos, enfraquecendo, consequentemente, as famílias. As rupturas e divórcios têm ocorrido banalmente por questões que podem ser tratadas e resolvidas, sem levar em consideração o efeito que eles causam no interior da pessoa e, em especial, nos filhos.

A máxima da vida pós-moderna é buscar a felicidade e a mensagem que se prega hoje é que, quando não se está sendo feliz, deve-se romper a relação e partir em busca de outras possibilidades. É bem verdade que o casamento existe para que se seja feliz, mas, é preciso considerar que cada pessoa precisa encontrar, em si a felicidade, que precisa estar resolvida consigo para que, então, possa fazer o outro feliz. Quem somente busca no outro a felicidade, poderá se frustrar em suas expectativas. Sendo feliz, poderá se juntar ao outro que também é feliz, e isso facilitará a construção de um relacionamento repleto de felicidade, combustível para o enfrentamento dos desafios e sofrimentos da vida. O casamento assim resiste ao tempo, é firme na alegria e na tristeza, na pobreza e na riqueza, na saúde e na doença, até que a morte separe!

Que Deus dê graça aos conselheiros para que sejam agentes de reconstrução e restauração de famílias, para que vivam o plano que Deus estabeleceu para cada uma delas.

Questão para reflexão

Em sua opinião, a Igreja tem, efetivamente, desenvolvido um bom trabalho com casais e famílias? Justifique sua resposta.

CAPÍTULO 4

Aconselhamento na Educação dos Filhos

No Salmo 127. 3 está escrito que *"os filhos são herança do Senhor"*. De fato, como é bom ver o Senhor Deus abençoando um casal com filhos. Os filhos simbolizam o prolongamento da história familiar, além da perpetuação da espécie humana. Foi o próprio Deus quem quis assim, ao ordenar que Adão e Eva frutificassem e multiplicassem, povoando a Terra (Gn 1. 28). Diante deste cenário de bênção, não se pode ignorar que educar filhos é um desafio, especialmente, nos tempos atuais, onde há uma série de investidas que vêm para influenciar suas mentes, a fim de que caminhem na contramão dos princípios bíblicos. Neste capítulo, serão trabalhados os principais aspectos pertinentes à relação do conselheiro enquanto aquele que orienta os pais na condução de seus filhos.

4.1 A Bíblia e a criação de filhos

A Palavra de Deus traz orientações para a vida familiar, o que inclui, evidentemente, a relação entre pais e filhos. Por exemplo, há um mandamento com promessa para os filhos, que reside na honra, ou seja, é dever deles honrar pai e mãe (Êx 20.12; Ef 6. 1-3). A honra envolve o respeito, a obediência, o cuidado na velhice, dentre outros fatores.

Por outro lado, os pais também devem ser prudentes e sábios na educação de seus filhos. No Antigo Testamento, por exemplo, eles tinham a missão de inculcar as verdades sobre Deus na mente dos seus filhos de diversas formas: andando pelo caminho, assentando-se e levantando-se (Dt 6.7). No Novo Testamento, o Apóstolo Paulo afirma que não deveriam provocar a ira nos filhos, antes, deveriam ser criados na disciplina e na admoestação do Senhor (Ef 6.4).

Segundo Collins (2012, p. 177):

> De acordo com um comentarista, nós provocamos nossos filhos quando: maltratamos fisicamente, abusamos psicologicamente (humilhando-os e tratando-os com desrespeito), negligenciamos suas necessidades, não tentamos entendê-los, esperamos demais deles, sonegamos nosso amor para conseguir que façam o que queremos em troca de carinho, forçamos a aceitar nossos alvos e ideias, e nos recusamos a admitir nossos erros. Por outro lado, nós os "criamos" servindo de exemplo, dando instrução e estímulo. É mais fácil falar do que fazer isso. Os filhos, assim como os pais, têm personalidades diferentes, e as diretrizes bíblicas para a sua criação são tão específicas como muita gente gostaria que fossem.

Esta citação serve de base para uma série de reflexões importantes que devem estar na mente e no coração dos pais. Infelizmente, quando os princípios bíblicos não são obedecidos, inclusive neste importante quesito, famílias sofrem e os pais colhem consequências danosas por parte de seus filhos.

Collins (2012), com base em Deuteronômio 6, salienta que a educação dos filhos, segundo as Escrituras e as diretrizes cristãs, deve seguir a quatro fatores: ouvir, obedecer, amar e ensinar. O texto sagrado diz:

> Estes, pois, são os mandamentos, os estatutos e os juízos que mandou o Senhor teu Deus se te ensinassem [...] para que temas ao Senhor teu Deus, e guardes todos os seus estatutos e mandamentos, que eu te ordeno, tu, e teu filho, e o filho de teu filho, todos os

> dias da tua vida; e que teus dias sejam prolongados. Ouve, pois, ó Israel, e atenta em os cumprires, para que bem te suceda, e muito te multipliques na terra que mana leite e mel, como te disse o Senhor Deus de teus pais. Ouve, Israel, o Senhor nosso Deus é o único Senhor. Amarás, pois, o Senhor teu Deus de todo o teu coração, de toda a tua alma, e de toda a tua força. Estas palavras, que hoje te ordeno, estarão no teu coração; tu as inculcarás a teus filhos, e delas falarás assentado em tua casa, e andando pelo caminho, e ao deitar-te e ao levantar-te.

Com base no texto, o bom pai é aquele que ouve a lei divina e a guarda no seu coração, praticando-a de tal maneira que passe a fazer parte de si. Todavia, está disposto a obedecer a aquilo que a Palavra de Deus está ensinando. Ele cumpre os mandamentos e segue os princípios colocando-os em prática. O autor sinaliza que: "quando os pais não demonstram desejo de obedecer a Deus, os filhos podem mostrar-se menos inclinados a obedecer aos pais" (2012, p. 178).

Outro aspecto fundante é que os pais devem amar a Deus, com todas as suas forças. Trata-se de uma entrega completa, de corpo, alma e espírito. O Senhor deve ser o centro de suas vidas, de tal maneira que os filhos consigam sentir a verdade desse amor. Por fim, é tarefa deles ensinar os filhos. Essa tarefa é árdua, porém, fundamental, e deve ocorrer de maneira certeira, calcada nas Escrituras; repetidamente, pois, o ser humano aprende pela repetição, de forma natural, pois o texto sinaliza que a educação ocorreria quando estivessem andando, ou sentados e ao levantar-se. Por fim, educariam por meio do exemplo.

O exemplo é fundamental na educação dos filhos. Ele fala muito mais alto do que as palavras. Muitos pais fracassam porque apresentam um belo discurso com uma péssima e desajustada prática. É de casa que devem vir o bom exemplo, os valores, a educação cristã sadia e os princípios para a vida. Isso jamais deve ser terceirizado para a escola, para a Igreja e para a sociedade como um todo.

É por causa da terceirização da educação e do cuidado que competem aos pais, que eles próprios têm colhido frutos amargos de árvores que não foram bem regadas. Eles não viram o crescimento delas, portanto, não podaram aquilo que precisaria ser limpo e, consequentemente, amargam o desespero e a culpa de terem errado no importante processo de educação.

A Bíblia é o manual do cristão e ela tem as recomendações para que a família seja fortalecida em todas as suas instâncias, o que inclui a educação de filhos. O conselheiro deve ajudar os pais e entenderem o quão dependente são da Palavra e do Deus da Palavra, a fim de que sejam estimulados a vivência de tudo o que está escrito, pois, somente assim, serão exitosos na realização desta sublime, porém, difícil tarefa de educar filhos.

4.2 Desafios na educação dos filhos

Há vários desafios que envolvem a educação de filhos nos dias de hoje. Abaixo, elencaremos três deles: o mundo espiritual, a necessidade de limites e o perigo dos lares desestruturados. Estes, certamente, precisam de toda atenção e cuidado por parte dos pais e o trabalho do conselheiro em ajudá-los será fundamental.

4.2.1 O mundo espiritual

Sabe-se que o reino espiritual é tão real quanto é o reino dos homens. Assim como é possível tocar em alguém, sentindo a pessoa no mundo físico, o reino espiritual é presente e atuante, embora não possa ser visto ou tocado. Diante disso, é preciso que os pais tenham clareza de que investidas espirituais das trevas acontecem, com o intuito de tirar os seus filhos da presença de Deus.

Esta investida se dá através da mídia, por intermédio de artistas e músicos avessos ao senhorio de Cristo, por meio dos colegas não cristãos, através da escola, com professores que não conhecem a Deus e que são contrários ao ensinamento das Escrituras etc. Sempre é importante lembrar o que o Apóstolo Paulo escreveu em Efésios 6. 12: *"Porque não temos que lutar contra a carne e o sangue, mas, sim, contra os principados, contra as potestades, contra os príncipes das trevas deste século, contra as hostes espirituais da maldade nos lugares celestiais".*

A luta travada não se dá na esfera humana, antes, é no campo espiritual que a batalha ocorre, inclusive, no tocante à educação e à formação do caráter espiritual dos filhos. Por isso, a orientação paulina é que os cristãos, incluindo os pais, apropriem-se de toda a armadura disponível, a fim de que possam vencer (Ef 6. 13-17).

Os conselheiros cristãos devem orientar os pais a viverem em constante oração, intercedendo a Deus por seus filhos. É imprescindível que leiam a Palavra e sejam praticantes dela, colocando em prática todos os seus princípios. O jejum e a consagração são elementos que precisam estar no cardápio da mesa espiritual.

Os filhos são expostos diariamente a uma série de coisas que os pais não acessam, portanto, a presença do Espírito Santo sobre a vida deles trará livramento, proteção e direção. Pais que oram, estão diante do trono de Deus, intercedendo por seus filhos e, certamente, verão a boa mão do Senhor os conduzindo.

Na correria da vida, infelizmente, muitos pais negligenciam as disciplinas espirituais. Correm tanto para oferecer o bom e o melhor desta Terra, esquecendo-se das batalhas que são travadas nas regiões celestiais querendo tragar seus filhos. Não se deve privilegiar a área humana, preterindo a espiritualidade, antes, o bom ajuste espiritual reflete em bênçãos terrenas.

4.2.2 Ausência de limites

Limites são essenciais na educação dos filhos. Muitos pais equivocam-se quanto à interpretação dos limites. Eles pensam que colocar limites é privar os filhos de viverem as experiências da vida. Existem, também, aqueles que passaram por muitas privações ou proibições na infância, portanto, agora, com seus filhos, recusam-se a proibir que realizem toda a sorte de desejos.

Na verdade, estabelecer limites é extremamente saudável para o desenvolvimento humano. Os próprios filhos clamam por eles porque, quando os pais os colocam, transmitem-lhes segurança. Sim, a ausência de limites gera seres humanos inseguros, que podem, no futuro, desencadear quadro severos de ansiedade, depressão, sendo que alguns podem, inclusive, partir para a criminalidade etc.

Nos tempos atuais, pai e mãe se veem na necessidade de trabalhar fora, a fim de ajudarem no sustento da família, levantando recursos para alcançar metas e realizações. O problema se instala quando, por se sentirem culpados, devido à ausência para com os filhos, acabam por ceder em todas as ocasiões, permitindo com que façam o que querem, quando querem.

O conselheiro deve ser aquele que orienta os pais a estabelecerem limites saudáveis na educação de seus filhos. Esses limites devem estar em consonância com a Palavra de Deus. Pode ser que aconteçam casos em que o conselheiro precise ajudar os pais a colocarem limites em si próprios, pois, se não os colocarem, como conseguirão fazê-los junto aos filhos? Esta reflexão precisa ser feita constantemente, pois, a sociedade já tem colhido frutos estragados, resultantes de famílias que não educaram seus filhos de maneira correta, estabelecendo as linhas demarcatórias entre o que pode e o que não pode, o que deve ser feito e o que não se deve fazer.

4.2.3 Lares desestruturados

Lares desestruturados tornam-se um grande desafio na educação dos filhos, especialmente, se o ambiente é hostil e agressivo. A criança que se vê diante de agressões físicas e psicológicas terá sérias dificuldades em seu desenvolvimento, afetando sua vida em todas as relações.

Há filhos que presenciam brigas, discussões, agressões físicas e verbais. Os pais não se dão conta de que a desestrutura do relacionamento também desestrutura o psiquismo dos filhos. Eles costumam ficar revoltados, ansiosos, depressivos, vão mal na escola, têm dificuldade de relacionamento, dentre outros.

Outro fator é a instabilidade no lar. Collins (2012, p. 179, 180) afirma que:

> Quando os pais não conseguem lidar com o estresse ou quando não se dão bem um com o outro, os filhos podem se sentir ansiosos, culpados e irritados. Eles ficam ansiosos porque a estabilidade do lar está ameaçada, culpados porque acham que são a causa das brigas e irritados porque, geralmente, são postos de lado, esquecidos e, algumas vezes, manipulados para tomar partido do pai ou da mãe – algo que eles não querem fazer. Há situações em que existe o medo de ser abandonado, física ou psicologicamente. [...] a instabilidade no lar pode gerar vários problemas de comportamento nas crianças. Notas baixas, brigas com os colegas e delitos menores podem ser um grito de socorro que indica problemas em casa. Num nível mais grave, pesquisadores descobriram que crianças que provocam incêndios geralmente vêm de lares onde há conflitos familiares, falta de comunicação e psicopatologias dos pais.

O autor demonstra os graves perigos que são advindos da instabilidade de uma casa, de uma família. Os danos podem ser tão marcantes, a ponto de prejudicar uma pessoa ao longo de toda a sua vida. O conselheiro deve ajudar os pais a desenvolverem esta consciência. Aquilo que é semeado na vida dos filhos, certamente, trará colheitas boas ou ruins, doces ou amargas. Que Deus ajude os pais a entenderem que os princípios da Palavra são vida para os ossos, para o corpo, para a alma, para o espírito e, consequentemente, para a família e para a sociedade.

4.3 Edificando o lar em Deus

O conselheiro é um instrumento de Deus para a edificação de vidas e de famílias. Ele pode orientar os pais a que edifiquem seus lares no Senhor. Para isso, é importante que sejam resgatados os elementos tratados no início deste capítulo. Outrossim, a família deve ser o *lócus* onde a criança aprende valores sadios que a acompanharão por toda a vida. Acerca disso, Lopes (2017, p. 365) afirma que:

> Os valores são desenvolvidos por meio de um relacionamento entre o que passa a ser determinado no lar, no ambiente em que a pessoa vive, e a descoberta a respeito de si mesma como pessoa. A partir daí, não são mais os instintos que controlarão a criança, mas, sim, o comportamento aprendido por intermédio de outras pessoas. Quando o lar não é cristão, a pessoa possivelmente aprende alguns princípios fora da vontade de Deus. O Senhor deu aos pais a responsabilidade no desenvolvimento dos valores morais e espirituais dos filhos. [...] Ensinar valores não é criar na criança um conjunto de hábitos mecânicos, nem criar cercas ou barreiras de proteção omitindo lhe a realidade, mas é ajudar a criança a descobrir os conceitos do certo e do errado, ajudando-a a construir sua própria estrutura de juízo moral e a formar Deus em sua mente.

Para que esses valores sejam incutidos, os pais ou responsáveis precisam viver a verdade de Deus em suas vidas; precisam amar, respeitar, obedecer, seguir e respirar a Palavra de Deus. Como fora citado anteriormente, a criança age por imitação, ela faz o que vê ser feito, seguindo as práticas de seus genitores ou cuidadores. O adolescente, então, terá dificuldades em obedecer a uma norma ou conselho que ele mesmo não vê sendo praticado por quem a emitiu.

Por fim, os conselheiros devem orientar aos pais que temam ao Senhor, pois temer a Deus fará com que sejam sábios na educação dos filhos segundo a Palavra de Deus. O culto doméstico também é uma forma excelente de estimular a família à comunhão com o céu, de maneira que os filhos se desenvolvam na adoração e na intimidade com o Pai.

Em um mundo perdido, longe de Deus, os pais precisam se posicionar, precisam amar incondicionalmente seus filhos sem deixar e educarem de forma sensata, conforme recomenda a Palavra do Senhor. O conselheiro terá muito trabalho pela frente, agindo sempre para que as famílias sejam reflexo da glória de Deus nesta sociedade.

Questão para reflexão

Em sua opinião, a Igreja tem investido tempo suficiente na formação de pais preparados para educar seus filhos? Outrossim, se você fosse o conselheiro, que estratégias desenvolveria para trabalhar esta questão?

CAPÍTULO 5

Aconselhando Quem Está de Luto

A morte está posta para a vida! Esta é uma realidade difícil de ouvir, falar e, acima de tudo, vivenciar! Não há nenhum ser humano que não tenha perdido alguém querido, especial e, sobretudo, amado, quer seja do âmbito familiar, quer seja do âmbito social, como um amigo, por exemplo. A experiência da perda é, por demais, dolorosa. A dor da separação de um ente querido é como uma faca encravada no peito. Essa dor, na medida em que o tempo passa e o consolo chega, vai abrindo espaço para a saudade que não tem fim. Neste capítulo, compreender-se-á o que é o luto, suas fases, o luto patológico e, por fim, como o conselheiro pode ajudar alguém que o está atravessando.

5.1 A finitude da vida

Viver é uma bênção, é uma dádiva! O privilégio da vida foi concedido por Deus e esta vida é repleta de potencialidades do ser. Cada ser humano é dotado de virtudes, qualidades e potencialidades que devem ser amplamente exploradas, enquanto se tem a possibilidade de olhar, sentir, respirar e abraçar.

No entanto, apesar de tanta beleza que circunda a existência, é certo que chegará o dia da morte. Ela está presente, o tempo inteiro. Como afirma Correia (2013, p. 164): "embora o mundo à nossa volta esteja cheio de vida – observe uma criança brincando, ouça o passarinho que canta, contemple o colorido único de uma flor – os sinais de nossa finitude estão em toda a parte".

Saber que o que é hoje, amanhã, não será mais, tem despertado os cientistas e estudiosos das mais diversas áreas para pesquisarem sobre este tema impactante e que diz respeito a todos os homens, sem exceção: a morte! A Teologia trata, amplamente, sobre três tipos de morte: física, espiritual e eterna. Inicialmente, a morte aparece como consequência do pecado (Gn 2.17), quando Eva e Adão comem do fruto proibido pelo Todo Poderoso.

No entanto, não é objetivo desta disciplina, neste momento, tratar da morte nos aspectos teológicos, antes, deseja-se entender os mecanismos psicológicos que são manifestos pós-morte nas pessoas que sepultaram seus entes queridos e amigos. A separação sempre é dolorosa e é natural que se estenda por um período. Se é evidente que, como se diz no dia a dia, "ninguém ficará para semente", como é possível lidar com este evento traumático para a humanidade.

Uma coisa é certa: o filho perderá o pai e a mãe, a esposa perderá o marido e vice-versa, o patrão perderá o empregado e, o empregado perderá seu patrão e, por aí vai. Todavia, a regra não é mantida. Infelizmente, nesta vida, a morte pode chegar para o filho antes do pai e antes da mãe. O noivo pode não se casar porque, por uma fatalidade, não deu tempo, dentre tantos outros eventos tristes envolvendo a partida humana.

Fato é que, quem fica precisará lidar com a dor da separação, chamada de luto. Passar pelo luto, com todo o sofrimento que ele traz, é necessário para que a vida continue tomando o seu rumo. Um luto mal resolvido ou não tratado pode desencadear sérios problemas para a pessoa, prejudicando o seu funcionamento e, consequentemente, sua vida. Por isso, há necessidade de compreender, enfrentar, lidar e elaborar o luto.

5.2 O que é o luto?

Se a morte é sempre catastrófica, traz sofrimento, sentimento de perda, solidão e desamparo para quem fica, como é possível superar e seguir em frente? A resposta a essa pergunta se dá por meio da compreensão do luto. Mas, o que é o luto? De acordo com Collins (2012, p. 407):

> O luto é uma reação natural à perda de qualquer pessoa, objeto ou oportunidade que era importante para nós. Ele é uma sensação de privação e ansiedade que pode se manifestar através do comportamento, das emoções, dos pensamentos, da fisiologia, do modo como nos relacionamos com os outros e até da nossa espiritualidade. Qualquer perda pode provocar esse tipo de sofrimento: um divórcio, a aposentadoria, a amputação de um membro, a partida de um filho para estudar em outra cidade, a saída do pastor para servir em uma outra igreja, a necessidade de se mudar de uma vizinhança (ou a mudança de um vizinho de quem gostamos), a venda do carro, a perda da casa ou de outro bem valioso, a morte de um bichinho ou planta de estimação, a derrota num concurso ou competição desportiva, problemas de saúde e até a perda da aparência jovem, da confiança ou do entusiasmo.

A explicação do autor acima, ajuda o estudante a compreender o que de fato é o luto, ampliando o seu campo de atuação, ou seja, o luto é um termo que não se utiliza apenas para a morte física, enquanto partida desta Terra, perda para quem fica, o vazio de não ter mais um amigo ou um ente querido.

Por luto, portanto, compreende-se tudo aquilo que em determinado momento gerou um rompimento, sendo que esse rompimento, também, simbolicamente falando, é uma morte, é a morte de algo que foi importante e significativo. A partir daí, são esperadas algumas reações e comportamentos próprios do luto, tais como a tristeza, o choro, o isolamento temporário, dentre outras manifestações, conforme veremos a seguir.

5.3 Tipos de luto

Há o luto normal ou natural e o luto patológico, doentio. Por luto normal, Collins (2012, p. 409) explica que é aquele período que "geralmente envolve profunda tristeza, sofrimento, solidão, raiva, depressão, sintomas físicos e alterações nos relacionamentos interpessoais". Se a pessoa acabou de perder um ente querido, no luto natural ela tende a comportar-se desta forma e é esperado que se comporte. No tocante aos sintomas físicos, ela pode sentir sudorese, coração acelerado, fraqueza, dentre outros, haja vista que o corpo está em processo de estresse.

O mesmo autor supracitado amplia a explicação, afirmando que "muitas vezes, ocorre negação, fantasia, inquietação, desorganização, ineficiência, irritabilidade, desejo de falar constantemente sobre a pessoa que se foi, adoção inconsciente dos maneirismos do falecido e a sensação de que a vida perdeu o sentido" (p. 409).

O luto normal pode levar meses, chegando até um ano. É evidente que cada pessoa tem uma estrutura, sendo assim, para algumas, o tempo pode ser menor ao passo que, para outras, maior. O conselheiro deve compreender esta questão que envolve o tempo, a fim de acolher o enlutado, sem julgá-lo ou querer que ele seja rápido na elaboração do luto.

É importante considerar que a vivência do luto é muito pessoal e está ligada à personalidade, com sua história de vida, a própria cultura, os valores sociais, incluindo a fé, sendo que, na ótica cristã, essa última é uma verdadeira aliada no entendimento da morte e na superação do luto.

O cristão, por exemplo, sabe que a morte não é o fim de todas as coisas, mas a entrada para a vida eterna com Cristo. Por mais que a separação seja dolorosa, a Palavra de Deus é o bálsamo que traz quietude, paz e esperança, no tocante aos que já dormem no Senhor. Em I aos Tessalonicenses 4. 15-18, o apóstolo Paulo diz:

> Dizemo-vos, pois, isto, pela palavra do Senhor: que nós, os que ficarmos vivos para a vinda do Senhor, não precederemos os que dormem. Porque o mesmo Senhor descerá do céu com alarido, e com voz de arcanjo, e com a trombeta de Deus; e os que morreram em Cristo ressuscitarão primeiro. Depois nós, os que ficarmos vivos, seremos arrebatados juntamente com eles nas nuvens, e assim estaremos sempre com o Senhor. Portanto, consolai-vos uns aos outros com estas palavras.

Os rituais que ocorrem nos velórios, por exemplo, as músicas cantadas, textos sagrados lidos, palavras de conforto, abraços e a exposição da Palavra de Deus são fatores de consolo e que ajudam no enfrentamento do luto. Quando os irmãos e amigos da mesma fé mostram presentes e solidários, o coração de quem sofreu a perda é acalentado.

Outrossim, é importante reiterar que outros seguimentos religiosos e culturais também têm suas formas de encarar este momento difícil da vida. Há povos, por exemplo, que sepultam seus mortos ao som de música, festa e muita comida. Logo, percebe-se que a manifestação e a interpretação do luto adquirem caráter cultural.

No entanto, há um outro tipo de luto que é mais preocupante, o chamado luto patológico ou complicado. Esse tipo de luto pode se manifestar mediante perdas repentinas, inesperadas, como no caso de uma morte de alguém que estava sem nenhum problema de saúde, quando uma tragédia acontece, um acidente, dentre outros.

Collins (2012, p. 410) explica que:

> Este tipo de luto representa um desvio em relação às expressões de sofrimento mais normais, mostrando-se mais intenso, ou mais prolongado, ou demorando mais um tempo para se manifestar, ou ainda sendo negado pela pessoa enlutada. Esse luto mantém a pessoa presa ao falecido e a impede de resolver a situação e levar a vida adiante. Em geral, não existem sintomas exclusivos do luto patológico. O que ocorre é que o comportamento característico do luto normal surge com maior intensidade e com maior duração. Pode haver, também, um profundo desânimo, falta de interesse pelo mundo exterior, diminuição da capacidade de amar, retraimento e uma acentuada redução da autoestima. Algumas pessoas apresentam hiperatividade, atitude de entrega ao desânimo e desespero, intensa culpa, autocondenação exacerbada, extremo isolamento social ou melancolia, impulsividade, comportamento anti-social, consumo excessivo de álcool e ameaças veladas de autodestruição (às vezes seguidas por reais tentativas de suicídio.

Como se pode perceber, o luto patológico é altamente comprometedor e pode prejudicar acentuadamente a pessoa enlutada, que se vê presa àquela situação sem conseguir sair. Na medida que entra por caminhos perigosos, como o da autodestruição, por exemplo, pode ceifar a sua própria existência.

Diante do exposto, o conselheiro precisa perceber como o aconselhando enlutado reagindo a cada momento do luto. Esse suporte oferecido ao aconselhando é fundamental para a sua recuperação e elaboração do luto. Reitera-se que o luto é necessário. Apesar do aspecto ruim e de sofrimento, devido à perda, é saudável que a pessoa passe por ele, sofra o que precisa ser sofrido, até que consiga elaborar e trazer um novo sentido para a sua vida, quando a dor profunda da separação e seus sintomas dão lugar à paz, à esperança e à saudade.

5.4 As fases do luto

Uma figura importante no estudo do luto foi a psiquiatra suíça-americana Elisabeth Kübler-Ross. Ela viveu entre 1926 e 2004 e trabalhou por muitos anos na escuta de pacientes terminais que sofriam de AIDS e de câncer, oferecendo-lhes a escuta sobre os seus medos e solidão. Sua intenção era humanizar esse período do luto, ao passo que desejava treinar novos médicos e profissionais para o manejo da morte e do luto.

Kübler-Ross escreveu uma obra intitulada "Sobre a Morte e o Morrer". Ela entrevistou pessoas e familiares, a fim de saber como estavam lidando com a possibilidade iminente da morte e com a aceitação da perda. Por meio desse trabalho, chegou à conclusão de que o luto atravessa cinco fases ou etapas, que são: negação, raiva, barganha ou negociação, depressão e aceitação.

Na negação, a pessoa tende a não aceitar ou rejeitar a notícia de que alguém amado faleceu. Na raiva, sentimentos de raiva, propriamente dito, medo, angústia, desespero, frustração e culpa costumam se manifestar. Na barganha, a pessoa tenta fazer acordos consigo e com o ser superior, a depender das convicções de fé, usando expressões do tipo: "Se eu fizer algo, a situação pode ser revertida!" ou "Deus, se fizeres isso, farei aquilo". Mesmo que seja impossível reverter o quadro, essa é uma forma utilizada pela pessoa, a fim de controlar-se.

Na depressão, a pessoa entra em estado de profundo sofrimento. É comum que ela se isole e tenha quadros de muito choro. Se essa etapa se prolongar ou não passar para a fase da aceitação, a pessoa pode desenvolver um profundo quadro de depressão. Por fim, a aceitação é o último estágio, que significa que a pessoa conseguiu superar a perda, a dor da separação.

Na aceitação, a pessoa compreende a ausência de quem partiu e há paz, pois os sentimentos e comportamentos do luto foram todos vivenciados. Evidentemente, ela se lembrará da pessoa, sentirá saudades, poderá se emocionar, porém, compreenderá que é preciso seguir em frente com a própria vida, com seus projetos e desafios.

5.5 O conselheiro e o luto

O conselheiro precisa estar apto para ajudar quem está em luto. De todas as perdas, essa é a irreversível e que leva para longe alguém que fora muito amado. Ou, também, quando algo era importante, necessário e querido se perdeu, a pessoa entrara em sofrimento, precisando de amparo e ajuda.

Um aspecto importante é a disponibilidade do conselheiro em estar junto, presente, mesmo que não consiga falar muita coisa no primeiro momento. Olhar, demonstrar empatia, afeto e disposição em consolar, serão fatores que contribuirão para o processo do enlutado. Evidentemente, a oração e a Palavra de Deus funcionarão como bálsamo que trarão consolo e esperança. Esses dois elementos são imprescindíveis!

Permita que o enlutado expresse seus sentimentos e emoções. Verifique atentamente as emoções negativas, tais como, a raiva e a culpa. Deixe-a falar, sem interrupções ou racionalizações. O choro é constante neste momento, jamais o impeça de chorar. Tudo deve acontecer sem pressão por parte do conselheiro. Ele deve colocar-se como um bom ouvinte, atento e cheio de compaixão. Se o enlutado desejar ficar só, o conselheiro deve respeitar e deixá-lo só.

É importante que decisões de grande impacto não sejam tomadas neste momento e o conselheiro pode ser um apoio para que essa espera aconteça. Por outro lado, pequenas decisões podem, aos poucos, ir ganhando forma, de maneira que o enlutado se sinta apoiado pelo conselheiro.

Para finalizar, convém citar a reflexão de Correia (2013, p. 167) quando diz que:

> O luto é uma experiência humana. Alguns tratam melhor com esse sentimento de tristeza do que outros, mas todos, à sua maneira, sofrem e, de igual forma, todos podem aprender a encará-lo como um refinamento do caráter e da vida espiritual e emocional quando apoiadas por um irmão mais maduro e sensível. Nossa finitude deve ser aceita e integrada, ainda que isto seja difícil. Ajudar as pessoas nesta direção é o papel

> do conselheiro na construção da relação de ajuda, o qual, totalmente dependente de Deus, poderá ser usado em seu dom para que o Espírito Santo, o divino e mais maravilhoso Consolador (Jo 14.16), transforme a tristeza do luto, sinal da fragilidade humana, em esperança, sinal da vitória de Cristo, pois ***"tragada foi a morte pela vitória!***" (I Co 15.54).

O suporte oferecido pela rede de apoio é fundamental para a superação do luto. A Igreja, a vizinhança, os amigos pessoais e do trabalho são ferramentas essenciais para que a pessoa recomece sem o ente querido e atribua sentido novo à existência. Nesta rede, sem dúvida, o papel do conselheiro é fundamental, enquanto aquele que se disponibiliza a estender os braços para andar junto, ser suporte, ferramenta de Deus, para levantar aquele ou aquela que está prostrado (a) pelas circunstâncias da morte.

Questão para reflexão

Faça uma pesquisa sobre como a morte é encarada em diferentes culturas. Depois, comente com os colegas da turma ou com seus amigos e familiares. Vocês irão se surpreender!

Conclusão

Chegamos ao fim desta tão importante disciplina, com um misto de sentimentos. O primeiro sentimento é de gratidão a Deus pela oportunidade concedida de poder partilhar deste importante conhecimento em um Curso de Teologia sério e comprometido com o Reino do Senhor e com o ser humano, como o IBAD é e tem sido, por mais de seis décadas. Glória, pois, seja dada a Deus por esta bênção!

O segundo sentimento é de apreensão, preocupação e, até mesmo, tristeza por constatar que há muito mais a ser dito, a ser explicado, estudado, porém, é preciso concluir, encerrar. Faz parte! Como é necessário encerrar, que fique bem claro que o assunto não se esgota aqui. Longe, muito longe disso! Esta disciplina foi apenas um pontapé inicial para introduzir o aluno neste universo da Psicologia e, sobretudo, do Aconselhamento.

Se cada estudante entender a importância de um conselheiro; se cada estudante entender a importância do estudo e do preparo para a atuação nesta área; se cada estudante entender que é preciso ir além, ler mais, buscar mais, orar mais, depender mais de Deus; se cada estudante entender que é necessário olhar para o ser humano, mesmo aqueles que são cristãos, então, esta obra terá valido a pena.

Minha oração é que Deus levante conselheiros e conselheiras, cheios d'Ele, abundantes em amor, repletos de conhecimento, para que o mundo seja tocado, alcançado, pois quando um cristão cheio do Espírito Santo toca o mundo, Deus nele toca! Deus abençoe!

Professor Emerson Cavalheiro

Exercícios

UNIDADE I – FUNDAMENTOS DA PSICOLOGIA E DO ACONSELHAMENTO

Capítulo 1 – A Ciência e a Psicologia

1. De acordo com Lopes (2017, p. 19) a "Psicologia é a ciência que estuda o comportamento humano e seus processos mentais". A afirmação está:

( ) correta ( ) incorreta

2. A Organização Mundial da Saúde (OMS) define o ser humano como:

( ) bio, psicossocial e espiritual.
( ) apenas soci
( ) psicossocial
( ) espiritual

Capítulo 2 – O Desenvolvimento da Psicologia

3. De acordo com o texto, eles tiveram importância significativa na História da humanidade. Assinale a alternativa correta:

( ) os estóicos
( ) os macabeus
( ) os brasileiros
( ) os gregos

4. Quem foi discípulo de Sócrates?

( ) Estéfano
( ) Justino, o Mártir
( ) John Huss
( ) Platão

Capítulo 3 – A Personalidade

5. Assinale a alternativa correta: A personalidade é o conjunto de características que integram uma pessoa, ou seja:

( ) o que ela gosta de fazer, de estudar, de trabalhar.
( ) não se relaciona com o tipo de alimentação que prefere ingerir.
( ) não se relaciona com a forma de se vestir, as preferências musicais
( ) em nada tem relação com a maneira de se colocar no mundo.

6. Assinale a alternativa correta.
a. A personalidade é formada pelos seguintes fatores:

( ) biológicos, psíquicos, sociais, comportamentais e espirituais.
( ) biológicos, astrológicos, sociais, psíquicos e espirituais.
( ) químico, psíquico, biológico e comportamental.

7. É o primeiro núcleo social humano:

( ) escola
( ) igreja
( ) família
( ) hospital

Capítulo 4 – Fundamentos Bíblicos do Aconselhamento
8. É o maior modelo de cuidado no Novo Testamento:

( ) Lucas
( ) Jesus
( ) Paulo
( ) Pedro

9. A filosofia e a teologia puderam dialogar, a partir dos escritos produzidos por Martinho Lutero (354-430). A resposta está:
( ) correta ( ) incorreta

Capítulo 5 - O Aconselhamento Cristão e suas Singularidades
10. Assinale a alternativa correta:

( ) Aconselhar é infundir esperança

( ) Aconselhar é simplesmente ouvir
( ) Aconselhar é simplesmente abraçar
( ) Aconselhar é simplesmente falar palavras bonitas.

11. Com toda a certeza, o pilar do aconselhamento cristão precisa ser Cristo e sua Palavra. É nela que o conselheiro busca os recursos necessários para que possa ajudar aos que precisam de suporte emocional no enfrentamento dos desertos da vida.
( ) correto ( ) incorreto

UNIDADE II – O CONSELHEIRO

Capítulo 1 – O Conselheiro
Assinale a alternativa correta:
12. De acordo com o texto, o conselheiro deve ser:

( ) experimentado na Palavra
( ) precisa conhecer parte da Palavra
( ) não precisa conhecer a Palavra
( ) precisa apenas conhecer técnicas de tratamento

13.Osigilodasinformaçõesnãoéfundamental.Aquiloqueéconfidenciadoao conselheironãodeveserguardadocomtodocuidado,paraqueaspessoasnão sejam respeitadas em sua privacidade e história.
( ) correto ( ) incorreto

Capítulo 2 – O Papel do Conselheiro
14.Deacordocomotexto,nãodevefazerpartedacaminhadadoconselheiro

( ) preconceito
( ) amor
( ) atenção
( ) escuta ativa

15. Não pode ser perdida no aconselhamento, de acordo com o texto:

( ) a firmeza
( ) a objetividade
( ) a concentração

( ) a fome

Capítulo 3 – O Autocuidado do Conselheiro

16. Ocorre quando o aconselhando percebe que as respostas ou soluções que tanto procura, não chegam com tanta facilidade e/ou rapidez. Há situações que demandam tempo e investimento, preço que nem todos querem pagar. Está se falando da:

( ) abertura
( ) franqueza
( ) resistência
( ) tranquilidade

Capítulo 4 – A Ética e a Sexualidade do Conselheiro

17. É imprescindível que o conselheiro esteja protegido espiritualmente para lidar com as questões e problemas alheios. No tocante à sexualidade, essa proteção deve ser priorizada, por meio da oração e da meditação nas Escrituras.

( ) correto ( ) incorreto

Capítulo 5 – Objetivos e Técnicas do Aconselhamento

18. Assinale a alternativa correta: É fundamental para que não haja ruídos nas relações.

( ) oração
( ) jejum
( ) comunicação
( ) retratação

19. O aconselhamento pode e deve ajudar o aconselhando a mudar seus:

( ) comportamentos
( ) horários
( ) móveis
( ) tipos de alimentação

UNIDADE III - A ESTRUTURA DO ACONSELHAMENTO E O DESENVOLVIMENTO HUMANO

Capítulo 1 – A Estrutura do Aconselhamento

20. Se a oração é vital, é oxigênio, é comunhão, é intimidade, é vida que traz vida, tão necessário quanto, é a leitura, meditação e estudo da Palavra. Como aconselhar se o conselheiro não lê a Bíblia? Não apenas lê, mas, medita nela! Como vai falar se não conhece as histórias, os versículos, os capítulos, as verdades eternas reveladas? A frase está:

( ) correta ( ) incorreta

Capítulo 2 – Compreendendo o Desenvolvimento Infantil

21. A Vida intrauterina:

( ) ocorre da fecundação ao parto
( ) ocorre da fecundação ao terceiro mês
( ) ocorre da fecundação ao sexto mês
( ) não existe vida intrauterina

Capítulo 3 – Compreendendo o Desenvolvimento da Adolescência

22. Alguns comportamentos costumam ser observados na puberdade, especialmente, dos 12 aos 14 anos. Alterações hormonais, crescimento físico, comer descontroladamente, crescimento desproporcional, por isso, é muito comum que o adolescente bata nas coisas, derrube outras, por seu jeito estabanado de ser naquele momento.

( ) correto ( ) incorreto

Capítulo 4 – Compreendendo a Juventude e a Vida Adulta

23. Assinale a alternativa correta:

a. Segundo Pinho (2019) a juventude pode ser dividida em duas etapas:

( ) adulto jovem 1 – período que se estende dos 18 aos 21 anos e, adulto jovem 2, dos 21 aos 25 anos.
( ) adulto jovem 1 – período que se estende dos 13 aos 17 anos e, adulto jovem 2, dos 21 aos 25 anos.
( ) adulto jovem 1 – período que se estende dos 18 aos 21 anos e, adulto jovem 2, dos 21 aos 55 anos.

Capítulo 5 – Compreendendo a Velhice

24. A Palavra de Deus trata, amplamente da velhice. Logo no primeiro

livro, Gênesis, é possível identificar homens que viveram muitos anos, tais como, Matusalém, Noé, dentre tantos outros. Basta ler a genealogia que será possível constatar as mais diversas idades, que apontam para a longa existência que tiveram. O teto está:

( ) correto ( ) incorreto

25. Assinale a alternativa correta:
Pinho (2019) divide em fases o processo de envelhecimento:

( ) A primeira, é a velhice, que se estende dos 60 aos 75 anos. A segunda, a senilidade ou geriátrica, dos 75 aos 90 anos e, por fim, a granvelhice, acima dos 90 anos.
( ) A primeira, é a velhice, que se estende dos 70 aos 75 anos. A segunda, a senilidade ou geriátrica, dos 75 aos 90 anos e, por fim, a granvelhice, acima dos 90 anos.
( ) A primeira, é a velhice, que se estende dos 60 aos 75 anos. A segunda, a senilidade ou geriátrica, dos 75 aos 80 anos e, por fim, a granvelhice, acima dos 90 anos.

UNIDADE IV – PRÁTICAS DE ACONSELHAMENTO

Capítulo 1 – Aconselhando quem sofre de Ansiedade

26. Para a Psicanálise, a ansiedade está conectada à dificuldade que a pessoa tem de trazer harmonia entre o que ela sente para com as demandas do mundo externo, ao passo que, para linhas teóricas humanistas da psicologia, ela se instala mediante à percepção que o indivíduo tem dos fatores externos. A afirmação está:

( ) correta ( ) incorreta

Capítulo 2 – Aconselhando quem sofre de Depressão

27. Assinale a alternativa correta
É reconhecida e classificada quando uma pessoa apresenta cinco ou mais sintomas da depressão, por mais de duas semanas, a ponto de paralisar ou prejudicar seu funcionamento:

( ) depressão maior
( ) anedonia
( ) depressão menor
( ) bipolaridade

Capítulo 3 – Aconselhando Casais

28. O casamento é um dos momentos mais marcantes e inesquecíveis na vida de um casal, quando duas pessoas, que se amam ardorosamente, decidem se unir, a fim de que construam uma história juntos e desenvolvam a própria família. A frase está:
( ) correta ( ) incorreta

29. Quando se volta o olhar para as Escrituras Sagradas, percebe-se, claramente, a iniciativa para o casamento, em Deus. Foi Ele mesmo quem uniu o primeiro homem e a primeira mulher, formando, então, uma só carne: *"Portanto, deixará o homem o seu pai e a sua mãe, e apegar-se-á à sua mulher, e serão ambos uma só carne"* (Gn 2. 24). O texto está:
( ) correto ( ) incorreto

Capítulo 4 – Aconselhando na Educação de Filhos
30. Assinale a alternativa correta:

( ) No Novo Testamento, por exemplo, eles tinham a missão de inculcar as verdades sobre Deus na mente dos seus filhos, de diversas formas: andando pelo caminho, assentando-se e levantando-se (Dt 6.7). No Antigo Testamento, o Apóstolo Paulo afirma que não deveriam provocar a ira nos filhos, antes, deveriam ser criados na disciplina e na admoestação do Senhor (Ef 6.4).
( ) No Antigo Testamento, por exemplo, eles tinham a missão de inculcar as verdades sobre Deus na mente dos seus filhos, de diversas formas: andando pelo caminho, assentando-se e levantando-se (Dt 6.7). No Novo Testamento, o Apóstolo Paulo afirma que não deveriam provocar a ira nos filhos, antes, deveriam ser criados na disciplina e na admoestação do Senhor (Ef 6.4).
( ) No Antigo Testamento, por exemplo, eles tinham a missão de inculcar as verdades sobre Deus na mente dos seus filhos, de diversas formas: andando pelo caminho, assentando-se e levantando-se (Dt 6.7). No Novo Testamento, o Apóstolo Pedro afirma que não deveriam provocar a ira nos filhos, antes, deveriam ser criados na disciplina e na admoestação do Senhor (Ef 6.4).

31. O bom pai é aquele que ouve a lei divina e a guarda no seu coração, praticando-a, de tal maneira, que passe a fazer parte de si. Todavia, está disposto a obedecer aquilo que a Palavra de Deus está ensinando.

Ele cumpre os mandamentos e segue os princípios, colocando-os em prática. A afirmação está:

( ) correta ( ) incorreta

Capítulo 5 – Aconselhando quem está no Luto

32. Há dois tipos de luto:

( ) normal e patológico
( ) anormal e patológico
( ) patológico e neurológico
( ) normal e sadio

33. Por luto normal, Collins (2012, p. 409) explica que é aquele período que "geralmente envolve profunda tristeza, sofrimento, solidão, raiva, depressão, sintomas físicos e alterações nos relacionamentos interpessoais". A frase está:

( ) correta ( ) incorreta

34. No entanto, há um outro tipo de luto que é mais preocupante, o chamado luto patológico ou complicado. Esse tipo de luto não se manifesta mediante perdas repentinas e inesperadas, por ocorrer no caso de uma morte de alguém que estava com problema de saúde, jamais quando uma tragédia acontece, um acidente, dentre outros.

( ) correta ( ) incorreta

Referências Bibliográficas

ALEXANDRE, Manuel Júnior. **Aconselhamento Bíblico.** Para uma Vida de Plenitude e Harmonia. São Paulo: Vida Nova, 2016.

BABLER, John; ELLEN, Nicolas. **Fundamentos Teológicos do Aconselhamento Bíblico e suas Aplicações Práticas.** São Paulo: Nutra Publicações, 2019.

BIBLIA SAGRADA. **Edição Revista e Atualizada.** São Paulo: SBB, 2020.
BOCK, Ana Mercês Bahia; FURTADO, Odair; TEIXEIRA, Maria de Lourdes Trassi. **Psicologias.** Uma Introdução ao Estudo da Psicologia. São Paulo: Saraiva, 2008.

COLLINS, Gary R. **Aconselhamento Cristão.** Edição Século 21. São Paulo: Vida Nova, 2012.

CORREIA, Cláudio. **Aconselhamento Pastoral.** Pindamonhangaba/SP: IBAD, 2013.

CRUZ, Elaine Dra. **Equilíbrio Emocional.** Personalidade Transformada pelo Fruto do Espírito. Rio de Janeiro: CPAD, 2019.

www.ingramcontent.com/pod-product-compliance
Lightning Source LLC
LaVergne TN
LVHW010059170826
845678LV00012B/2174

* 9 7 8 6 5 8 9 8 5 9 0 6 2 *